PETER NISSEN

schellen, schafutern un schanderen

Schimpfwörterbuch
für Schleswig-Holstein

Verlag SCHUSTER Leer

Biographische Notiz

Peter Nissen, * 1957 Bordelum/Uphusum (Nordfriesland), studierte in Kiel Anglistik, Philosophie und Friesische Philologie, von 1987–1994 Dramaturg am Ohnsorg-Theater in Hamburg, betreibt seitdem zusammen mit Hartmut Cyriacks in Hamburg eine Textmanufaktur für Theater, Funk und Fernsehen, ist freier Mitarbeiter beim NDR, schreibt für Radio Bremen und spielt in dem Kabarett-Ensemble ›De scheeve Dree‹.

ISBN 3-7963-0328-5
1. Auflage 1996
© 1996 by Verlag Schuster D-26789 Leer
Veröffentlichungen in Medien gleich welcher Art bedürfen
einer vorherigen schriftlichen Genehmigung.
Lektorat: Theo Schuster
Einbandgrafik und Illustrationen: A. Langwisch
Schrift: Rotis Antiqua 9° / 11°
Gesamtherstellung: Hans Kock Buch- und Offsetdruck GmbH, Bielefeld
Printed in Germany

Inhalt

Warnung!

(anstelle eines Vorwortes)

Wenn Sie gerade in einer Buchhandlung stehen und dies lesen, dann haben Sie Glück gehabt! Seien sie kein *Klenterbüdel*! Stellen Sie das Buch schnell wieder weg. Kein Mensch braucht ein Schimpfwörterbuch. Schimpfen kann der Mensch, oder er kann es nicht. Schimpfen tut der Mensch, oder er tut es nicht. Ein Buch wird ihm dabei wenig helfen.

So verständlich Ihre Wut darüber ist, daß Ihre *bregenklöterige* Nachbarin Sie kürzlich als *Scheethack* abqualifiziert hat - mit Hilfe dieses Buches werden Sie ihr juristisch keinen Strick daraus drehen können. *Scheten in 't Schapp!* Wäre ja noch schöner, wenn jeder dahergelaufene *Winkelavkaat* in diesem Dokument die Einzelbegründung seiner Klage fände! Die Bedeutungsangaben zu den hier versammelten Wörtern sind ohnehin nur als Hilfen zum Verständnis gedacht. Ob ein Schimpfwort tatsächlich ein solches ist, hängt immer davon ab: Wer sagt es wann, wo, warum, zu wem; und wie sagt er es.

Oder sind Sie auch so ein *Quast*, der glaubt, daß sich auf Plattdeutsch ja alles so nett und gemütvoll anhört und Sie deshalb nach Herzenslust und ungestraft überall plattdeutsch schimpfen können? Dann sind Sie ein ausgemachter *Blöödmannsmaat!* Für einen Plattdeutschsprecher riecht *Schiet* nun mal ebenso unerfreulich wie für einen Hochdeutschsprecher *Scheiße.*

Ach, Sie haben das Buch schon gekauft? Und Ihr Buchhändler hat Sie nicht über die Risiken und Nebenwirkungen aufgeklärt? Sie *Stackel!* Nun gut, dann haben Sie zumindest Anspruch darauf, zu erfahren, was alles nicht drin steht.

Die Frage, was ein Schimpfwort ist, kann ich nicht beantworten, denn ich weiß es nicht. Das müssen Sie schon bei Kulturwissenschaftlern oder anderen *Blackschietern* nachfragen, die sich berufsmäßig mit den Maledicta befassen. Um in diese Sammlung aufgenommen zu werden, mußten die Bezeichnungen lediglich folgenden kleinen Test bestehen: Empfiehlt es sich, dieses Wort zu einer oder über eine Person zu sagen, von der man im selben Atemzug etwas erwartet? Also: *Kannst du ole Höhnermoors mi mol hunnert Mark lehnen?* Das Ergebnis dürfte hier eindeutig sein. *Höhnermoors* kann zu Recht als Schimpfwort angesehen werden. Aus eben diesem Grund enthält diese Sammlung auch Berufsbezeichnungen. Diese würden vielleicht den *Meister Glöhnig* nicht unbedingt zur Weißglut treiben, sie vermitteln aber doch immer ihr Gutteil Spott und Ironie.

Ach, ja, und ich habe auch nur solche Wörter aufgenommen, die sich auf einen Menschen, und zwar einen ganzen, beziehen. Wenn ich dem *Döschkopp* auch noch seine *Rööv* mitten im Gesicht hätte ins Stammbuch schreiben wollen, wäre diese Sammlung wohl noch längst nicht von *Töhn to Tähn* gekommen.

Außerdem werden Sie Flüche vergeblich im alphabetischen Ablauf suchen. Sie müssen schon die Anwendungsbeispiele genau lesen, um auf sie zu stoßen. Sogar das eher harmlose *Herrjemine* findet sich also nicht unter ›H‹, obwohl es sich doch als Kurzform unseres *Herrn Jesu domine* – je nach Auslegung durch die *Kanzelpuper* – auf einen Menschensohn bezieht.

Genausowenig habe ich die plattdeutsche Schreibung durchgehend vereinheitlicht. Angeliter Lautung und holsteinische Schreibung unter einen Hut bringen, das können begabtere *Brootfreter* besser.

Unkommentiert aufgenommen habe ich Wörter, die zweifelhafte moralische, etwa frauenfeindliche, Haltungen widerspiegeln. Wenn schon, dann hätte ich als erstes alle herabwürdigenden Verbindungen mit *Peter*, wie *Dröhnpeter, Flöhnpeter, Kniespeter* oder *Peter-Lügg* getilgt. Mich tröstete jedoch, daß *Hans, Hein, Hinnerk, Lieschen* und *Trien* auch nicht von schlechten Eltern sind.

Sicherlich finden Sie in dieser Sammlung etliche Schimpfwörter, die nur in einer begrenzten Gegend bekannt sind. Hierauf verweise ich jedoch nur gelegentlich und auch dann nicht mit dem Anspruch, daß diese Wörter dort und nur dort verwendet werden. Zeiten, in denen galt, ›sage mir, wie du schimpfst, und ich sage dir, wo du zuhause bist‹, sind auch im Plattdeutschen endgültig passé. Menschen sind heute mobil. Selbst ein *Hans-blievto-Huus* erweitert seinen Horizont durch Literatur und andere Medien, und ein treffliches Schimpfwort findet immer seinen Anwender.

Ständig werden neue Schimpfwörter erfunden; nur so sind die Menschen imstande, auf neue Situationen und Verhältnisse angemessen reagieren zu können oder Abgenutztes zu ersetzen. Beim Wandern mit meiner Schimpfwörtersammeltrommel durch Schleswig-Holstein fiel mir jedoch auf, daß sich vieles über Jahrzehnte erhalten hat. Manche Wörter, die Otto Mensing in seinem fünfbändigen Schleswig-Holsteinischen Wörterbuch um 1930 etwas leichtfertig bereits als absterbend oder wenig gebräuchlich kennzeichnete, sind heute durchaus noch im Schwange. Und wer sich der Mühe unterzieht, einmal in Johann Friedrich Schützes Holsteinischem Idioticon von 1800–1806 nachzublättern, wird vieles finden, was auch knapp zwei Jahrhunderte nach dessen Erscheinen noch Bestand hat. Dabei gibt es Beispiele, die weniger auf Veränderungen in der Sprache als auf einen Wandel in unserer Wahrnehmung der Welt verweisen. Hielt Schütze fest: *»Se hett en Schürdüvel* – sie ist vom Scheuerteufel besessen«, so sind wir heute eher bereit, der entsprechenden Dame nicht mehr die Entschuldigung zuzubilligen, einer Art Dämon zum Opfer gefallen zu sein, sondern halten ihr direkt vor, der personifizierte Teufel zu sein: *Se is 'n Schüürdüvel.*

Technische Neuerungen, die das Leben tiefgreifend verändern, müssen nicht zwangsläufig neue Schimpfwörter hervorbringen. Aus dem Hochdeutschen ist uns bekannt, daß die zunehmende Motorisierung solche neuen Wörter oder überraschende Bedeutungssprünge wie etwa *Hirsch* oder *Bleifuß* für besonders eilige Autofahrer oder *Organspender* für Motorradfahrer zur Folge hatte. Mir hingegen ist es nicht gelungen, spezielle verkehrsbedingte plattdeutsche Schöpfungen aufzuschnappen. In der Regel werden schon bekannte Wörter in ihrer Bedeutung erweitert. Wenn ich hier als Beispiele dafür *Dröhnbüdel* und *Sliekermoors* für eine extrem bedächtige Fahrweise anführe, wäre es fahrlässig, daraus zu schließen, daß der Schleswig-Holsteiner grundsätzlich verhalten das Gaspedal bedient *un bi 't Fohren Veeh tellt.*

Was läßt sich überhaupt aus dem Schimpfwörterbestand über den Charakter der Einwohner des Landes Schleswig-Holstein ablesen? Ich denke, nichts! Auch wenn dieses Buch ungezählte Ausdrücke für geschwätzige Mitmenschen aufführt und kaum eine Handvoll für wortkarge, verschlossene Zeitgenossen, sollte man deshalb daraus schließen, die Menschen in Schleswig-Holstein gingen sparsam mit Worten um?

Jedem Leser sei es gleichwohl unbenommen, anhand des Wegweisers am Schluß dieses Buches, der die Sammlung nach inhaltlichen Gesichtspunkten aufschlüsselt, mit dem Auszählen zu beginnen. Wie viele Wörter mag es wohl für *Geizige* geben, wie wenige für *Verschwender*? Es sei dahingestellt, auf was für verstiegene Erkenntnisse ein rechter *Krintenkacker* bei konsequenter Anwendung dieses Verfahrens kommt. Bitte, verschonen Sie mich mit den Ergebnissen!

Erfreut wäre ich allerdings, wenn aufmerksame *Pingelpütte* mir die gewaltigen, aber unvermeidlichem Lücken im Material nachweisen und aufzufüllen helfen. Kaum ein anderer Ausschnitt unseres Wortschatzes wird mit so viel schöpferischer Kraft und Phantasie weiterentwickelt wie die Abteilung Schelte, Schimpf und Schande. Denn allen *Leegsnackern* zum Trotz haben wir es beim Plattdeutschen ja nicht mit Latein oder Gotisch zu tun, sondern mit einer gesprochenen, sich stets wandelnden Sprache.

Zu danken gilt es ausdrücklich den *Sludertaschen,* die sich bereitwillig befragen ließen. Einige seien hier stellvertretend genannt: Gerhard Deutschmann, Anni Fietkau, Ernst-August und Anne-Christel Jakobsen, Herbert Jürgensen, Hans-Martin Nissen, Selma Nissen, Christianne Nölting. Nicht genannt werden sollen die *Hasenköster,* denen ich gelegentlich heimlich etwas ablauschte. Obwohl der eine oder andere sich vielleicht erinnert, daß ich verstohlen Notizen auf der Innenseite des Deckels einer Zigarettenschachtel machte. Doch keine Angst! Manches von dem so festgehaltenen Material ist durch pure Unachtsamkeit unausgewertet im Ascheimer gelandet. Dauerhafter waren da schon die Anregungen meines Kollegen Hartmut Cyriacks, der zudem über Jahre die Arbeit wohlwollend gestattet hat. Und nicht vergessen sei an dieser Stelle Dr. Reinhard Goltz, den ich aus gegebenem Anlaß zum *Ehrenklookschieter* ernennen möchte.

Und was haben Sie jetzt gelernt? Nichts! Sie wollen trotzdem weiterlesen? *Do doch, wat du wullt, un klei mi an 'n Moors!*

Peter Nissen

Schimpfwörter
von *Aalversuper* bis *Zwetsch*

A

Aalversuper
völlig unfähiger Mensch; Einwohner von Fockbek (nach einem Schildbürgerstreich, bei dem die Fockbeker einen Aal ins Wasser setzten, nachdem sie ihn zum ›Tod durch Ertränken‹ verurteilt hatten).

Aap, Aapkatt, Apekatt, Apenkopp, Apenoog, Apenoors
Affe, eitler, eingebildeter, dummer Mensch; Städter
He is recht so 'n Aap, em fehlt bloots de Steert.
Wullt 'n Aap sehn? – Kiek in 'n Spegel!
Entgegnung: *Beter 'n Aap as 'n Schaap* – lieber Geck als Dummkopf.
aapsch, apig – eingebildet
Apengesicht – Affengesicht
Segg mol op Plattdüütsch: Ich habe ein offenes Gesicht! – Ick heff 'n apen Gesicht (gesprochen: *Apengesicht*).
Apenkraam – Unfug; vornehmes Getue
Apenspill – lächerliche Geschichte; im Lokalspott: die Stadt Wilster (von *Kasenort*, das als *Kassen Noah* gedeutet wird, soll aus Noahs Arche ein Affe nach Wilster gelaufen sein).

Aas (männlich und sächlich)
Aas, je nach Zusammenhang, von stark verächtlicher Schelte über gutmütigen Tadel bis hin zur widerwilligen Anerkennung
so 'n falschet Aas – hinterlistig
Du Aas, du Beest, du Bottermelksleev, ick müch dat du Aas in 'n Graben leegst.
Aaskraam – Schmutz, schmutzige Arbeit
Dat is Aaskraam, sä de → *Püttjer, dor harrn se em in 'n Lehm scheten.*
asen – Schmutz machen, in Schmutz hantieren; verschwenderisch mit etwas umgehen
asig – schmutzig; häßlich, eklig, schlecht; als Steigerungswort: sehr, überaus
beasen, toasen – beschmutzen, besudeln

Aasbeest, Aasbödel, Aaskeerl, Aasknaak, Aasknaken, Aaspanz
abgrundtief zu verachtender Mann
Düsse Aasknaak is ook een, wo uns Herrgott de Welt mit straaft.

Aastüüg
Bande, Brut, Gesindel

Abekatt
aufgetakelte Frau [Flensburg] (wörtl.: dänisch *abekat* – Affe)

13

Abenpüüster
Ofenreiniger; Töpfer (*püüstern* – stark blasen)

Achenal
alte Frau [Norderdithmarschen]

Achteranbuur
Bauer, der mit seiner Arbeit immer im Rückstand ist
Eerst de Piep ansteken, sä de Achteranbuur, un denn dat Peerd ut 'n Graben kriegen.

Aastüüg

Achterlader
Homosexueller
Jungedi, wat hett de Achterlader för 'n hitten Utpuff!

Adder
boshafter, reizbarer Mensch (eigentl.: Kreuzotter)
He is so 'n richtige Adder.

Afpuler
Schinder, Tierkörperverwerter

Alheit, Alk(e)
alberne, einfältige Frau (eigentl.: Adelheid)
He luurt as Alheit ünner de Trepp – wie eine Braut, deren Liebster nicht kommt.

Alldagshoor
billige Prostituierte

Allerdreedüvelskeerl, Allerdüvelskeerl, Allerweltskeerl, Allerweltskujoon
verteufelter Kerl; Tausendkünstler
De Allerdüvelskeerl kann ook üm de Eck scheten.

Allmannsbruut, Allmannshoor
liederliche Frau, Hure
De Allmannsbruut is lööpsch as 'n Teev – läufig wie eine Hündin.

Allmannsbruut

Allmannsfründ, Allmannsnarr
Hanswurst; Anschmeichler, Schleimer
Goot is goot, man alltogoot is Allmannsnarr – Wohltaten erzeugen Rachegefühle.

Ammerkacker
rückständiger Mensch; allgemein abfällig (eigentl.: einer, der seine Notdurft noch auf dem Eimer verrichtet)
Dat is ook so 'n Ammerkacker ut de Achtermasch, wo se sick de Büx mit de Knieptang antreckt.

Amtsschimmel
Beamter, Angestellter einer Behörde

Angever
Prahler, Blender
De Angever is vör teihn nich bang, so lang as he alleen is.

Amtsschimmel

Angstpluck
kleiner, dicker, unbeholfener Mann
Du kümmst ook noch mol mit lebennigen Liev to Dode, du Angstpluck.

Anklatscher
Maler
Oort lett nich vun Oort, harr de Anklatscher seggt, dor harrn de Kinner Kohschiet an de Wand smeert.

Anköteler
Schmeichler, Liebediener
De ole Anköteler smeert Gott un de Welt Smolt achter de Ohren.
sick anköteln – sich einschmeicheln, jemandem in den Hintern kriechen

Annerthalvsminsch
ungewöhnlich langer Mensch
De Annerthalvsminsch is 'n Block vun Keerl.

'n Aparte(n), 'n Apartige(n)
empfindliche, zartbesaitete Person; sonderbarer Mensch
apart, apartig – seltsam, sonderlich, eigenartig

Apenkroos
Betrunkener; Schwätzer (wörtl.: offener Krug)
He is richtig so 'n Apenkroos, vun all de Melkspiesen is Kööm sien Best.

Apenlock, Apenmoors, Apensteert
einer, der ständig die Tür hinter sich offen läßt
Apenmoors schasst → *Tomoors to Fru hebben* – damit sie die Tür wieder schließt.

Apenoors
Mensch, der dauernd Darmwind abgehen läßt

Apenpinscher
allgemein abfällig (wörtl.: Affenpinscher)
Du Apenpinscher kummst mi mol wedder, schittst vör de Döör un bringst keen Bessen mit!

Appeldwalje, Appeldwals, Appeldwatsch
albernes Geschöpf, Tölpel
appeldwatsch, appelkathoolsch – närrisch, verrückt
Bald fullen, sä de appeldwatsche Keerl, dor leeg he al.

Appelhöker(sch)
Obsthändler(in)

Aschenpösel(sch), Aschenpüüster(sch)
unauffällige, unansehnliche, schmutzige Person; armseliges Menschenkind

Asm, Asmus
übergroßer Mensch
He hett nich Liev noch Seel, düsse Asmus – von überaus hagerer Statur.
'n böse Asm – Furie [Probstei]

Athleten (nur Mehrzahl)
unfähige Arbeiter, Männer, denen man nichts zutraut
Ji sünd mi so Athleten, köönt vör Hildigkeit (Eifer) *nich an de Arbeit kamen.*

Aus
unausstehlicher Patron [Westschleswig]
Noch een Woort, du Aus, un du kriggst een an de Rotzbatterie!
aussig – albern

B

Baadgast
sehr dummer, unverständiger Mensch – aus der Sicht der Bewohner der nordfriesischen Inseln (wörtl.: Badegast)
De Baadgast is so strunzdumm, mit em kannst Schünendöörn inlopen!

Baas, Baasbengel, Baasjung, Baaskeerl
Meister; Anführer; Held (spöttisch, aber häufig auch im positiven Sinn)
He is 'n Baas vun Keerl, he kann Kattenschiet in 'n Düstern rüken.
Du büst de Baas in de Bottermelk, wenn de Klümp dor ruut sünd.
basig – tüchtig, vorzüglich, ausgezeichnet

Babbelboort, Babbelmuul, Babbelsack
Schwadroneur, Plappermaul
Den Babbelboort is de Katt mit dat Enn weglopen.
Babbel – Mund, Schnabel
babbeln – schwatzen, schnattern
nababbeln – nachplappern

Babutsch, Balbeer, Balbutsch, Barbeer, Barbutsch
Barbier, Herrenfrisör (französisch *barbier* – Bartscherer)
Rupps is de Boort af, sä de Balbeer, dor harr he acht Daag doröver sneden.

Backaben
unförmige, korpulente Frau (wörtl.: Backofen)
Wenn du mit so 'n Backaben verheiraadt büst, bruukst keen Hark in 't Bett
– um sie zu finden.

Backaben(s)döscher
kleiner Kerl (der zur Not im Backofen dreschen könnte)
Kiek di den Backabendöscher an: In de lüttsten Pütt is dat dullste Gift – er
ist ein Giftzwerg.

Backbeest
Mensch von ungewöhnlicher Leibesfülle
*De Wind weiht woll Sandbargen tohoop, avers
keen dicken Moors, du Backbeest!*
backig – untersetzt, kräftig

Back-
beest

Backenbliever
ungelehriger Schüler, Sitzenbleiber (wörtl.: Klebenbleiber)
*De Backenbliever ward un ward nich klook,
un wenn he ook hunnert Johr un een Dunnersdag to School geiht.*
backenblieven – sitzen bleiben, nicht versetzt werden

Backtrog
sehr beleibter Mensch
*Düsse Backtrog is vörn achter as länger, baven ünner as dicker, liekerlang
an beide Ennen.*

Bagaasch
Pack, Gesindel, Bagage

Bagaluut
Draufgänger, Windbeutel
*Nu hebbt se den Bagaluten to faten, de de Schienen vun de Iesenbahn
angnaagt hett.*

Baggermaschien

unförmige, füllige Person

Düsse Baggermaschien hett so'n grote Fööt, dor kann se in 'n Stahn op starven.

Bälgenpedder

Bälgetreter an der Kirchenorgel

Dat is 'n Mann vun Gewicht, sä de Organist, dor wies he op sien Bälgenpedder.

Ballerbüdel, Ballerbüx

Mensch, der mit viel Lärm zu Werke geht

ballern – lautes, schallendes Geräusch machen

ballerig – laut, polterig, cholerisch

ballstürig

widerspenstig, störrisch (eigentl.: schlecht zu lenken)

Man nich so ballstürig as 'n Hund, de in veer Weken sien Herrn nich sehn hett.

'n ballstürigen Keerl – Mann, der blindlings drauflosgeht

Bambuus

Filou, frecher Kerl, Herumtreiber (französisch: *bambocher* – ein liederliches Leben führen)

De Bambuus hett 'n Muul an 'n Kopp as 'n afreten Schoh.

Bandit

Spitzbube, Taugenichts

In den Bandit is nich mehr Godes in as Honnig in 'n Tuuts – in einer Kröte.

Banditentüüg

Mob, Teufelsbrut

Bangbüx, Bangoors

Memme, Feigling

De Bangbüx riskeert sien Leven as 'n → Stint: geiht bet an de Hacken in 't Water un is doch nich bang, dat he versüppt.

bang, bangbüxig, bangerhaftig, banghaftig – feige, furchtsam

bangbüxen – sich ängstlich verhalten

Bangbüxigkeit, Bangigkeit – Ängstlichkeit

Bankdrückersch, Bankwarmersch

Mauerblümchen, Mädchen, das nicht zum Tanz aufgefordert wird

De Bankdrückersch sitt Eier ut un amüseert sick mit Peter Sitz un Hans Bank.

Bankerottmaker

Bankrotteur, schlechter Kaufmann

De Reken stimmt bi den Bankerottmaker, he hett bloots dat verkehrte Eenmoleen bruukt.

Baron von Unruh
rastloser Mann
Den Baron von Unruh brennt de Moors – er kann nicht stillsitzen.

Baschan
Grobian (eigentl.: Bastian)
Bange bün ik nich, sä Baschan, dor reed he op 'e Bull.

Basterkeek
Schwätzer [Fehmarn]

Beddeljung, Beddelmann, Beddelwiev, Beddler
Bettler, Obdachloser

Bedreger(sch)
Betrüger(in), Beutelschneider(in)
Vör 'n Spitzboov kann 'n de Döör tomaken, man nich vör 'n Bedreger.

Beerbuuk, Beerfatt, Beertunn
Bierbauch, Fettwanst; Säufer
Beter dat Liev basst, seggt de Beerbuuk, as dat dat Eten slecht ward.

Beerliek
Schnapsleiche, Betrunkener
De Beerliek hett dat Ünnerst in de Buddel faat hebben wullt.

Beest
Biest, grobe, brutale Person
Dat Beest kann de Slöök (Schlund) *eenfach nich vull kriegen* – muß alles mitnehmen.

Beestervolk
Pack, Bande, Gesindel

Belegg-mi-dat
Mensch, der schwer zu einem Entschluß kommt, Skeptiker
beleggen – weitläufig besprechen

Bengel
ungeschliffener, arbeitsscheuer, junger Mann; Flegel
Dat is mol 'n snaakschen Bengel – komischer Kauz.
bengelhaftig – unverfroren, dreist
Bengel(s)johren – Flegeljahre

Bengelkraam, Bengeltüüg
nichtsnutzige Jungen
Dat Bengeltüüg sitt dor as de Proppen op 'n leddige Schietkruuk – sie leisten nichts.

Benterbüx, Benterputt
einer, der ruhelos umherläuft
De Benterbüx löppt an sick sülbst vörbi.

bentern − ziellos umherlaufen

benterig − planlos, unruhig, wirr; unzuverlässig

Berliner
verschmitzter Kerl
He is 'n ganze feine Berliner − immer zu Späßen aufgelegt.
'n Berliner maken − einen Schwabenstreich (unüberlegte, törichte Handlung) begehen

Bessen
zänkische Frau, Besen
De ool Bessen is den ganzen Dag egaalweg an 't Zackereern − Keifen.

Bessenbinner
Hausierer; böse Frau

Bessenbuur
kleiner Landwirt (eigentl.: *Besenbuur* − Binsenbauer)
Is doch goot, wenn man 'n egen Fohrtüüg hett, sä de Bessenbuur, dor schoof he mit de Mistkoor loos.

Bessendreger
Schornsteinfeger

Bessensteel
langer, dürrer Mensch
De Bessensteel is ook vun den Slag, wo dörteihn op een Dutz gaht.

Bettmieger
Bettnässer
Dat mark di, du Bettmieger, dat is man 'n korte Warmde, in de Büx to pissen!

Bettschieter
Bettbeschmutzer
Wat schasst maken, du lütte Bettschieter, schittst in 't Bett, schittst ook in 't Laken, un denn kannst raken un raken un kannst nix maken, bloots Supp vun kaken.

Bettwarmer
Lebenspartner
Ehr Bettwarmer hett nix anners in 'n Kopp as de dree groten 'S': Supen, Sex un Smöken.

Bibelforscher
Bibelforscher; Zeuge Jehovas; Frömmler
De ole Bibelforscher is so heilig, de geiht mit 't Gesangbook to Bett.

Bibelhusoor
Pastor

Bickbeernbuur
kleiner Hofbesitzer bzw. Bauer
Laat den Kater man Heu slepen, sä de Bickbeernbuur, as he de Peer ver-
köfft harr.

Biesterbarg, Biesterblaas, Biesterfeld, Biesterkopp
verwirrter, zerstreuter Mensch; Tollkopf
Du büst woll ganz in 'n Moors verbohrt un hest in 'n Kopp keen Darm, du
Biesterbarg – nicht bei Trost.
biester, verbiestert – irre, verwirrt, verwildert; aufgebracht, gereizt,
zornig, verdrießlich
biester snacken, verbiestern – irre reden, phantasieren
Biesterie, Biesternis, Verbiesterung – Verwirrung

Bieter
zorniger, aufbrausender Mann, Choleriker
Wohr di vör den Bieter, de → *Slieker deit di nix.*

Bilöper
Mann, der nebenher läuft und deshalb nicht gerechnet wird; uneheliches
Kind

Bisläger
Schmiedegeselle

Blaas
aufgeblasener Ignorant; Aufspieler; Schar, Bande
De Blaas is so dumm, dat em de Swien biet.

Blaasklaas
schlechter Musikant
Op 'n Handvull Noten schall uns dat nich ankamen, sä de Blaasklaas,
wenn wi man richtig blasen doot.

Blabberboort, Blabberbüdel, Blabberbüx, Blabberkeek, Blabbersnuut, Blabbertasch
Schwätzer
De ool Blabberbüdel rappelt doch sien Snuut vörbi.
blabbern – plappern

Blackschieter; Blackstöker
Vielschreiber, Gelehrter; Federfuchser; Büroangestellter (wörtl.: Tinten-
scheißer, Tintenstocherer)

Blaff, Blaffer(t), Blaffsack
unausstehlicher Mann, der wie ein Hund kläfft; Wichtigtuer, Großmaul
Gegen so 'n Blaffsack un 'n Föder Mist kannst nich gegenanstinken.
blaffen – kläffen, bellen

Blafferkatt
Angeber; Vielredner
Blafferkatt gah to Stadt, kööp för 'n Sössling Snuuvtabak.

Blallerjochen
Klugschwätzer, Großprahler [Fehmarn]
Slaap rund, dat du nich eckig warrst, du Blallerjochen.

Blangenlöper
Mitläufer, unbedeutender Mann, fünftes Rad am Wagen

Blarrbüdel, Blarrkalv, Blarrkater, Blarrkatt, Blarrkeek, Blarrputt, Blarrtrien
weinerlicher Mensch, plärrendes Kind
Du Blarrbüdel schasst barfoot to Bett un mit Pannkoken todeckt warrn.

Blarr – Geplärr, Weinen
blarren – weinen, greinen; falsch singen
He blarrt as 'n nüchtern Kalv – gibt Mißtöne von sich.

blarrig – weinerlich

Bleier, Bleierbüdel, Bleierbüx, Bleirer
begriffsstutziger Mensch; Schiefwerfer (beim Boßeln)
Düsse Bleierbüdel is ook nich jüst de gröttste Preester – hat nicht viel gelernt.

bleiern – aus der Richtung werfen, beim Kartenspiel falsch bedienen; taumeln

Blickbull
Besamungstechniker (wörtl.: Blechbulle)

Blickensläger, Blickschooster, Blicksmitt
Klempner, Schlosser
Dat is Malöör, sä de Blicksmitt, dor harr he sien Nees an 'n Teeketel löödt.

Blickpieper, Blickpuuster, Blickschooster, Blicktuter
Blechbläser, Trompeter

Bliefedderspitzer, Bliestiftspitzer
Beamter

Bliestiftbuur
unfähiger Landwirt, Theoretiker, der lieber mit Schreibgeräten arbeitet als mit landwirtschaftlichen Geräten
He kann knapp 'n Mullwarpsdutt ut'neensmieten, düsse Bliestiftbuur.

Blindfisch, Blindfleeg
unbedachter Mensch, Nichtskönner

Blindflansch
schwachköpfiger Mensch, Ignorant (eigentl.: Verschluß eines toten Rohrendes)
De Blindflansch is so dumm, he kennt dat grote A nich.

Blitz-Buur

Bauer, der seinen Hof mit dem Streichholz saniert hat

Dat buut sick lichter ut de Asch as ut de Tasch, seggt de Blitzbuur – Zahlungen der Feuerversicherung schonen das Eigenkapital.

Blitz-Buur

Blöödkopp, Blöödlack, Blöödmann, Blöödmannsmaat

Dummkopf

De Blöödmann is vun achtern 'n → Oss un vun vörn 'n → Esel.

Bloot

Mensch (wörtl.: Blut)

'n arm Bloot – armer Teufel

Bi dat arm Bloot kickt dat Ünnerfoder dör de Rippen – ist in schlechtem Futterstand.

'n arm verlaten Bloot – alleinstehendes Wesen

'n lüttjen Bloot – Schwächling

Blootsuger

Ausbeuter, Blutsauger

De Blootsuger weet sien Schaap to scheren.

Blubberboort, Blubberbüdel, Blubberer, Blubberjochen

Mann mit feuchter Aussprache; Schwätzer

De Blubberboort spiggt bi sick rüm, dor kann 'n Muus in versupen.

blubbern – stoßweise sprechen, beim Sprechen spucken

losblubbern – unüberlegt drauflosreden

Bohnenstaken, Bohnenstang

lang aufgeschossener und dünner Mensch

De Bohnenstang is man wat lallerig ümhoochschaten.

Böhnhaas

Handwerker, der ohne Erlaubnis der Zunft sein Gewerbe betreibt, unzünftiger Meister; untreuer Ehemann, Ehebrecher; Schornsteinfeger (wörtl.: Dachbodenhase)

De Böhnhaas kann söven Handwarken, man keen örnlich.

böhnhasen – unerlaubterweise ein Gewerbe betreiben

böhnhasig – furchtsam

Bokel, Bökel

Knirps

Segg man nix, dick noog is de Bokel för sien Öller.

Bökerbuur
unpraktischer Landwirt, dessen Interesse sich mehr auf Bücher und landwirtschaftliche Theorie richtet
De Bökerbuur plöögt lever in de Böker — liest, statt zu arbeiten.

Boküüz
Hosenmatz (eigentl.: *Poggüüz* — Kröte)

Bölker, Bölkhals, Bölkhannes, Bölkjochen
Schreihals
De Bölker hett 'n hellen Hals — ist mit einer lauten Stimme begabt.

Bölk — Schrei
Bölkstoff — Bier
bölken — brüllen, schreien, laut singen, bellend husten

Boltjekaker, Bontjekaker
Süßwarenfabrikant, Bonbonkocher

Bommbüdel
ungeschlachter Mann
He is 'n Bommbüdel un höltern Jakob.

Bonewart
Radaumacher [Dithmarschen] (eigentl.: Napoleon Bonaparte)

Bookschooster
Buchverleger
Teetje is 'n bösen Bookschooster, wat in dat een nich binnen steiht, fehlt in dat anner.

Bookschoosteree — Buchverlag

Bookwetenbuur
kleiner, ärmlicher Landwirt
Dat will ook Veehverstand, sä de Bookwetenbuur, dor tell he Kreihen.

Boor
grober, gefühlloser Kerl (eigentl.: Bär)

Boortschraper
(schlechter) Barbier

Botterhex
alte Frau (eigentl.: Butterhexe, welche die Milch beim *Karnen* verhext, so daß sich keine Butter bildet)
Hett allens sien Wissenschaft, sä de Botterhex, dor puust se dat Licht ut mit de verkehrte Snuut — mit dem Hintern.

Botterlicker
Leckermaul, Feinschmecker; Grünschnabel (eigentl.: Butterlecker)
Beter is beter, sä de Botterlicker un strei Zucker op 'n Sirup.

Bottermelksschriever
Gutsschreiber, Gutsverwalter

Bottermelkssleev
plumper Mann

Bradenfreter
Bessergestellter; Vielfraß (wörtl.: Bratenfresser)
Dat Gesicht mag ick lieden, sä de Braden-
freter, as de Swienskopp op 'n Disch leeg.

Bradenfreter

Braller, Brallmichel
Schreihals, Aufspieler
Düsse Brallmichel is ook de reine Jakob ut
Amerika – ein richtiger Marktschreier.

brallen – laut und sinnlos sprechen, widerlich schreien (wie ein Betrunkener)
brallig – wichtig tuend

Brammer
Prahlhans [Pellworm]
Wo du ole Brammer an rüükst, heff ick al lang an scheten – was du an
Neuigkeiten vorbringst, wußte ich schon lange.

brammen – lärmen, poltern, schelten
brammig, bramsig, bramstig – leicht aufgebracht; protzig; frech, verwe-
gen, trotzig; aufsässig, bösartig, krötig

Brand
übermäßig lebhaftes Kind [Angeln]

Brannwiensbroder, Brannwienssüster
Säufer, Säuferin
De Brannwiensbroder süppt gegen de graue Luft an.

Braschbüdel, Brascher
Schwadroneur, Großmaul

Braller

Brasch – lautes Gerede, großes Maul
Groot in de Brasch un nix in de Tasch – Aufschneider
braschen – laut sprechen, angeben
braschig – prahlerisch, protzig

Bräsel, Brösel
Knirps, kecker Bursche, kleines, aber kräftig entwickeltes Kind; widerlicher
Mann, Stinkstiefel
De Bräsel süht ut as 'n utstoppte Mettwust.

Bratscher
Großprahler; Verschwender, lockerer Bruder; vierschrötiger, derber Mann,
Flegel
De Bratscher föhrt 'n Leben, dor is braden Aal mit Appelmoos nix gegen.

bratscherig, bratschig – grob, rauh im Benehmen, liederlich, ungebildet, flegelhaft

Breekmittel
Brechmittel, Widerling, Kotzbrocken
Mit dat Breekmittel sien Verwandtschaft is dat as mit de Kantüffeln: Dat Beste is ünner de Eer.

Breetflabb, Breetmuul, Breetsnuut
Großmaul (wörtl.: Breitmaul)
De Breetflabb hett 'n Muul, wenn de Ohrn nich weern, güng dat ründum.

Bregenklempner
Psychologe, Psychiater (wörtl.: Gehirnklempner)

bregenklöterig
dumm, geistig verwirrt, zurückgeblieben
He is so bregenklöterig, he kennt keen anner Singvagel as de Katt.

Breker
Stürmer, Durchgänger, Mann, der keine Gefahr scheut (wörtl.: Brecher)
Dat is 'n Breker in 'n drögen Tuun – schwächlicher Mann.

Brettfoot
klotziger, unbeholfener Mensch (eigentl.: Kröte)
De Brettfoot sitt dor to as 'n → *Tuuts in 'n Beerboom* – Kröte im Birnbaum.

Briefreter
Knilch, Kerl (wörtl.: Breifresser)
Ji sünd mi de rechten Briefreter: Kulen in de Backen, Schelm in'n Nacken – von Menschen mit Wangengrübchen.

Briemer
Draufgänger, Herumtreiber
De Briemer is recht so 'n heillosen Minschen, mutt överall mit sien Vörfööt mank – muß sich überall einmischen.
briemsch – verwegen, draufgängerisch; wütend, zornig, leicht gereizt, unfreundlich, mürrisch, finster; unverschämt, frech, dummdreist

Briet
roher Geselle, Rowdy; Halbstarker
Ick dösch di to Brie un Appelmoos, du verdreihte Briet!
Brietenkraam – rüpelhaftes Benehmen
brietig – frech

Brillenaap, Brillenslang
Brillenträger
Ick hau di glieks de Ruten (Fensterscheiben) *ut, du Brillenslang.*

Brock
kurzgewachsener, stämmiger Kerl [Angeln]
De Brock hett Kopp un Steert dicht bi'nanner.

Broder
Bruder, Kerl
Vör den Broder nimm di in Acht, de kann mehr as Broot eten! – ist dir überlegen.
Broder Lustig – Leichtfuß
'n warmen Broder – Homosexueller

Brootbüdel, Brootschooster
Tölpel, Knilch
Ja, mit Gewalt kann man 'n Vigelien an 'n Boom tweislaan, du Brootbüdel!

Brootfreter
eingebildeter, überkluger Mensch (verballhornt aus Professor)
Klook as Salomo sien Katt, düsse Brootfreter – sein Wissen ist von zweifelhaftem Wert.

Brootschooster
Bäcker
Wenn se 't man eerst wennt is, sä de Brootschooster, dor wisch he mit de Katt den Aben ut.

Brüddelbüdel, Brüddelhans, Brüddelklaas, Brüddler
Pfuscher, Stümper; unordentlicher Mann
Pedd di man keen Glas in de Ogen, du ole Brüddelbüdel!
Bruddel, Brüddel – Fehler, Versehen
Brüddelie – Pfuscherei
brüddelig – nachlässig, unordentlich
Brüddelkraam – nachlässige, fehlerhafte Arbeit, Stümperei
bruddeln, brüddeln – schlecht, ungeschickt arbeiten; etwas verhunzen, verderben

Brülloss
lautstarker Grobian (wörtl.: Brüllochse)
De Brülloss hett woll 'n Hals to 'n Brie eten, aver nich to 'n singen – er singt falsch.

Brummboor, Brummboort, Brummkater, Brummputt
mürrischer Mann
De Brummboor süht so suur ut, as wenn he eben ut de → *Dranktunn kamen is.*
brummbarsch, brummig, brummsch – übellaunig

Bruusboort, Bruuskopp
aufbrausender Mensch, Choleriker; Dickkopf
De Bruusboort kann dat Ankieken nich verdregen – ist leicht aufgebracht.

Brutenmaker, Bruutmaker
Don Juan, Heiratsschwindler (wörtl.: Bräutemacher)
De is wedder op 'n achteihnjohrigen Starkenhannel ut, düsse Brutenmaker
— sucht eine junge Braut (eigentl.: Rind, das noch nicht gekalbt hat).

Buck
Trotzkopf; Mann mit hoher sexueller Aktivität; Schneider
Bi den geilen Buck sett dat Geschirr keen Rust an — seine Geschlechtsteile
kommen selten zur Ruhe.
'n stiewen Buck — hölzerner, unsportlicher Mann
buckbenig, buckig — störrisch, eigensinnig, widerborstig
Buckkopp — Trotzkopf
*De Buckkopp is wedderlich as Jan Held, de schull an 'n Galgen hangen un
wull dat nich.*

Bückel, Bückling
langweiliger, verschrumpelter Mensch (eigentl.: geräucherter Hering)
De Bückel snackt, as wenn he to lang in 'n Rook hungen hett.

Bückelkeerl
Fischhändler (eigentl.: Bücklingshändler)

Buddelbroder
Saufkumpan
De Buddelbröders geet dat ook nich jüst in 'n Stevelschacht — lassen
nichts umkommen.

Buffel, Büffel, Büffeloss
Grobian, klotziger Mann
Dat kost keen Geld, sä de Buffel, dor prügel he sien Söhn.

Büffelkopp
Dummkopf; Mecklenburger (wegen des Ochsenkopfes im Mecklenburger
Wappen)
De Büffelkopp is woll bi Johann Klotz in de Abendschool gahn!

Bull, Bulloss
kräftiges, ungeschlachtes, grobes Rauhbein
*Pass op, du ole Bull, de 't man wennt is, de kann 't goot af, wenn he mit de
Äx in 'n Moors haut ward.*

Bullenbieter
Mann mit grobknochigem Gesicht; Bärbeißer
Seh di vör, du Bullenbieter: As de Mann is, ward em de Wust braadt!

**Bullerback(s), Bullerballer, Bullerbrook, Bullerbüx, Bullerdiek, Buller-
hans, Bullerjahn, Bullerjochen, Bullerklaas, Bullerkopp, Bullermann**
ungeschliffener Mann, der lärmend und polternd auftritt, Grobian
To 'n stieven Boort höört 'n scharp Mess, du Bullerjochen! — nimm dich
in acht!

bullerballern – krakeelen, schelten
bullerjahnig – polternd
Bumann
Kinderschreck; alter, furchteinflößender Mann; durchtriebener Schelm;
Polterer
Bummelant
Müßiggänger; Bettler; Trunkenbold
Mi is de Kehl so dröög, seggt de Bummelant, dor kann een op Strümpsokken daallopen un kriggt keen natte Fööt.
Bummelbüx
behäbiger Mensch
De Bummelbüx wasst jo woll noch mol an – vor Faulheit.
Bumskopp
Hohlkopf
De Bumskopp weet vun Gott un sien Steenstraat nix af – weiß rein gar nichts.
Bunk
ungeschliffener Mann, Flegel
Hool dien Babbel, du Bunk, anners kriggst een an 'n Brägenkasten!
Buntbüx
eitler Geck, Kleidernarr
Speel di man nich so op, du Buntbüx, hest fröher ook nix hatt; nu hest 'n poor Groschen Schulden un meenst glieks, wat du büst!
Buntje
dickleibiger Mann (wörtl.: Bonbon)
De Buntje fritt jo Liev un Seel vörbi – ist ein starker Esser.
Bürohingst
Büroangestellter, Beamter
Buschemann, Buschermann, Buscherupper
Bumann, heruntergekommener Mann
De Buschemann süht ut, as wenn he al dree Daag ünner de Eer legen hett.
Bütt
dreister, grober Kerl; allgemein abwertend (eigentl.: Bütte, Bottich)
sellige Bütt – einfältiger Mensch
Kriggst glieks een an 't Protokoll, du sellige Bütt!
Buttje(r)
vierschrötiger Mann; Knirps; Gelegenheitsarbeiter, Eckensteher, Landstreicher
Versupen wull ick di, aver nich op so 'n Oort, sä de Buttjer, dor full em 'n Groschen in 't Water.
Hamborger Buttjer – Fingerlutscher! – Neckruf
buttjerig – heruntergekommen, strolchmäßig
buttjern, rumbuttjern – umherstrolchen, betteln

Buttkopp, Butzkopp
Hohlkopf; Dickkopf
*Du büst jo woll ganz in 'n Moors verrückt un hest in 'n Kopp keen Darm,
du ole Buttkopp.*

Büttmuul
Schiefmaul (nach dem Plattfisch *Bütt* – Scholle)

Büttoog
allgemein abfällig (wörtl.: Schollenauge)
Du büst Bornholm noch nich vörbi, du Büttoog – hast dein Schäfchen
noch nicht im trockenen.

Buttoors
untersetzter Mann
*Dat Ünnergestell vun den Buttoors is opsleten, eben as de Been vun Methu-
salem sien Jagdhund, de weern so kort, dat he em as Teckel bruken dä.*
buttig, buttsig – kurz, gedrungen, stämmig

Buttpedder, Büttpedder
Wattfischer (wörtl.: Plattfischtreter)

**Buur, Buurhund, Buurklööt, Buurklotz, Buurknippel, Buurlapp,
Buurntrampel**
Bauer, ungeschliffener oder zurückgebliebener Mensch
'n Buur is 'n Buur, is 'n Beest vun Natur.
Ja, ja, seggt de Buur, denn weet he nix mehr.
'n latiensche Buur – studierter, neumodischer Bauer; Bauer, der sich mehr
der wissenschaftlichen als der landwirtschaftlichen Arbeit verpflichtet fühlt

Büxenpisser
Hosennässer, Mensch, der das Wasser nicht halten kann
Noch eenmol un ick maak 'n Knütt op dien Pint, du Büxenpisser!

Büxenschieter
kleiner Junge, Hosenscheißer; Angsthase; Mann, den man nicht für voll
nimmt
*Kumm mol her, du Büxenschieter, un haal för 'n Groschen blauen Tweern-
saat.*

C

calvinsch
albern, närrisch, verrückt (wörtl.: calvinistisch)
Büst jo woll rein calvinsch worrn!

Christ
sonderbarer Patron
Dat sünd mi schöne Christen, sä de Düvel, dor harr he Poggen op de Schuuf-
koor; wenn ick een opböör, hüppt mi twee wedder raf.

D

Daaldrücker(sch)
beleibter, schwergewichtiger Mensch (weil er gut geeignet ist, durch sein
Gewicht z.b. Heu herunterzudrücken)
De Daaldrücker hett 'n Moors as 'n Backaven.

Däämlack, Dämellack, Dämelklaas, Dämelsack
gedankenloser Mensch; Dummkopf, Tolpatsch
Dat schaadt mi nix, wenn mi de Hannen freert, seggt de Däämlack, worüm
köfft mi mien Vadder keen Hanschen!

Daddi, Dadje
alter, gebrechlicher Mann; Einfaltspinsel
De Daddi is een vun den Slag, de is al mit Noah in 'n Kasten west – uralt.

Dagdeev, Dagdriever
Tagedieb, Faulpelz
De Dagdeev is nich bang vör de Arbeit, he leggt sick dor dicht bi daal.
dagdeven – faulenzen

Dalv
alberner, linkischer Mann
dalbern, dalvern – herumalbern
He dalvert jümmer so rüm – flirtet mit Mädchen.

Dammel, Dammelbüx, Dammelklaas, Dammelsack
trödeliger, saumseliger Mensch
De Dammelbüx hett dat so ielig as 'n Sliepsteen, de in söven Johr nich
smeert is.
dammelig – ungeschickt

31

dammeln – vor sich hin dämmern, langsam gehen, ziellos umherschlendern, tändeln, herumalbern

Danzbaron
Gigolo, vergnügungssüchtiger Adliger
Ja, ja, as uns Danzbaron vun Liliencron: Zigarren, Zigaretten un mit de Fruuns in de Betten!

Darmstrieker
Fiedler, Bierfiedler, der die Saiten eines schlechten Instruments streicht

Daustrieker(sch)
Herumtreiber(in), lichtscheues Subjekt
De Daustrieker kann sien egen Sweet nich rüken.

Deckhingst
Mann mit intensivem Sexualleben bzw. hoher Zeugungsfrequenz
Quäälkraam, sä de Deckhingst, harr de Deern nich daalkriegen kunnt.

Deeg-Aap
Bäcker (wörtl.: Teigaffe)

Deert
rücksichtsloser, ungeschlachter Mann (wörtl.: Tier)
Wenn dat Deert ook man nich danzen kann, so steiht he doch wenigstens de Lüüd in 'n Weg.

Deev
Dieb; nichtswürdiger, schlechter Mann
Aller Anfang ist schwer, sä de Deev, dor stohl he toeerst 'n Ambolt.
schewe Deev – hinterlistiger Zeitgenosse
deevsch – diebisch
Deveree – Diebstahl
Horeree un Deveree scheedt de Eh.

Deibank
altmodische, ungeschliffene, weibliche Person [Angeln]
De Deibank is ook noch vun 1800 un Kruuk, as dat noch keen Pütt un Buddeln geev un as de Kööm noch in de Tüüt haalt worr un man noch mit Kantüffeln um de Eck schoot.

Deubel, Deuster
Teufel; wilder Mensch, allgemein abfällig, aber auch anerkennend

Dezimalsemokrat, Dezimalkroat
Sozialdemokrat
In Rendsborg op de Hütt un in Kiel op de Werften, dor grimmel un wimmel dat vun Dezimalsemokraten.

Dibberbüdel, Dibberbüx, Dibberklaas, Dibberkopp, Dibberliese
schwatzhafte Person; nörgelnder Mensch; Nervensäge
De Dibberbüdel hett woll 'n Heister-Ei (Elstern-Ei) *eten* – kann nicht
schweigen
bedibbern, debbern, dibbern – inhaltloses Gerede über Kleinigkeiten
machen, schwatzen, durch fortgesetztes Fragen und Bitten lästigfallen;
unruhig hin und her rutschen, drängeln
Dickback
Mensch mit dicken Wangen
De Dickback süht ut as 'n Aalquabb.
**Dickbuuk, Dickersch, Dickert, Dickmoors, Dickoors, Dickpans, Dick-
sack, Dickwust**
korpulenter Mensch
De Dickbuuk süht ut as 'n utstoppte Mettwust.
Dickfreter
Bessergestellter (aus der Sicht des ›kleinen Mannes‹)
Dickkopp
Starrkopf, Ignorant
Beter 'n Dickkopp as 'n → Dööskopp.
Dickmadam, Dickmamsell
kleine, pummelige Frau
*Wenn du de Dickmadam Ostern vör'n Achtersten haust, denn bummelt dat
noch Pingsten.*
Dickmoorsen (nur Mehrzahl)
Einwohner Dithmarschens (verballhornt aus dem Landschaftsnamen)
Dicksnuut
Großmaul, Blender; Dickwanst
De maakt ut 'n Scheet 'n Dunnerslag, düsse Dicksnuut – aus einer Mücke
einen Elefanten.
Diesbuck, Diesbüdel, Dieskopp, Diesputt
Dickkopf, eigensinniges, unbotmäßiges Kind
De ole Dieskopp bringt mi op achtzig mit sien Buckbeenigkeit.
dies, diesig, diesnackig – renitent, halsstarrig, querköpfig
Dietjen, Dietjern
verzogenes, ungeratenes Kind
dietjenhaftig, dietjerig – verzogen
Ding
verächtlich für Mensch
Du dumme Ding vun Goltoft, weetst nich mol den Weg na Geel? (Nach-
bardorf)

Diplomkööksch
Ökotrophologin, Hauswirtschaftsmeisterin
Discher
Tölpel, schwerfälliger oder unverständiger Mensch (wörtl.: Tischler)
De ole Discher weet doch vun 'n hellen Dag nix af – ist kreuzdumm.

Dittenpedder
Halligbewohner (weil sie früher Kuhfladen zu einem
Brei traten, der in Stücke geschnitten und getrocknet
als *Ditten* zur Feuerung dienten)
Dödelbüdel
geistloser, trödelnder Mann
*Den Dödelbüdel gaht de Fingers as 'n doot Farken de
Steert.*
Dödelkraam – unvernünftiges Gerede, Unsinn
dödeln – zwecklos dahinschlendern, mit Nichtigkei-
ten beschäftigt sein

Dödelbüdel

Dögenix, Döögnix
Nichtsnutz, Faulpelz
Düssen Döögnix will ick de Bicht verhalen – ihn mir vorknöpfen (wörtl.:
die Beichte abnehmen)

Dönner, Dönnerskeerl
Kerl, Teufel [Wilstermarsch] (wörtl.: Donner)
Dat is jo 'n lütten Dönner, vun de höört dörteihn to 'n Dutz – ein kleiner
Kerl.

Doofkopp, Dowi
Hohlkopf
*Düsse Doofkopp is klook op 't Goosmelken, he weet man nich, wo de Tit-
ten sitt.*
doof – begriffsstutzig, töricht, albern; taub; hohl
dowe Trine – dumme Frau

Dööntjenmaker, Dööntjenverteller
Schwindelmeier, Windbeutel; Possenreißer, Erzähler kleiner lustiger
Geschichten
*Du kannst dat dreihn, as du wullt, du ole Dööntjenmaker, de Steert blifft
immer achtern.*

**Döösbartel, Döösbattel, Döösblaas, Döösbüdel, Dööskopp, Döös-
lappen, Döösmichel, Dösel**
Dümmling, Einfaltspinsel, Tropf, unbeholfener Mensch
De Döösbartel maakt 'n Gesicht, as wenn he 'n Sliepsteen funnen hett –
wie ein Auto.

Döös – Dusel, Taumel, Schwindel
Laat di de Döös mit de Mistfork utnehmen!
döösbattelig, döösköppig – unüberlegt, unvernünftig, ungeschickt
Döösbattelie, Dööskraam – dummes Zeug
döschig – einfältig, verrückt
dösen – dösen, geistesabwesend sein
dösig – schwindelig, wirr, verrückt, wunderlich
Dösigkeit – Dummheit
Dopp, Doppsteert
Knirps; Mensch, der nicht viel leisten kann; Tolpatsch
Ja, ja, lütt Dopp, büst goot vun Natur, magst geern eten un drinken, un wenn du slöppst, bittst keen Rotten un Müüs.
Dörbrenner, Dördriever, Dörgänger
untreuer Mann, Durchgänger
Tööv du Dörbrenner, ick warr di Semp op de Titt smeren – werde es dir abgewöhnen.
Dörbringer
Verschwender, Liederjan
De Dörbringer leevt as 'n Amtmann in 't Goosnest – wie Gott in Frankreich.
Dörpsbull
Schürzenjäger
Unsen Dörpsbullen jöökt vundaag wedder de ole Adam – ihn machen die Hormone umtriebig.
Dörpshehn
umtriebige Frau; Kind, das immer unterwegs ist
De Dörpshehn is jümmers op 'n Swutsch – treibt sich immer herum.
Dörpsköter
umtriebiger Mann; Mädchen, das immer unterwegs ist; Mann, der zu allerlei Flickarbeiten im Dorf herumkommt
Dörpsschüffel
Straßenfeger, Gemeindearbeiter
Dörpszeitung
Klatschweib, umfassend informierte Person
De Dörpszeitung lett keen hele Stä op de, de se faat hett – wer ihr in die Fänge läuft, dessen Ruf ist verloren.
Dösch, Döschkopp, Döschmuul
Dummkopf; häßlicher Mensch (eigentl.: Dorschkopf, -maul)
De Döschkopp hett Brägen in 'n Kopp as Kreihenschiet – Hirn wie Krähenkot.

Döschmonarchen (nur Mehrzahl)
Dreschmaschinenbesatzung im ambulanten Einsatz (vor Einführung des
Mähdreschers)
döschen – jemanden schlagen, verdreschen
Ick dösch di glieks een, dat du de Engels Halleluja singen höörst.

Dragoner
wildes Mädchen; herrische, robuste Frau; Chefin (eigentl.: leichter Kaval-
lerist, aus französisch *dragon*, benannt nach einer Handfeuerwaffe; *dra-
gon* – feuerspeiender Drache)
De Dragoner is 'n Achterviddel vun 'n Düvel.

Dranktunn, Dranktünn
Dickwanst, Freßsack (wörtl.: Abfalltonne für Schweinefutter)
Mi wunnert, dat düsse Dranktunn de Darms nich platzen doot.

Dreckswulk
Maurer; Schmutzfink (Rotwelsch: Dreckschwalbe)
*Wat schall 't ook ewig holen, sä de Dreckswulk, dor full em de Backaben
op 'n Kopp.*

**Dreekeeshooch, Dreekeeskeerl, Dreekeesknuust, Dreepannkokens-
maat**
Dreikäsehoch, kleiner Mensch, Zwerg
Pass man op, dat di de Höhner nich dootpedd, du Dreekeeshooch!

Drees, Dreesbüdel
saumseliger, unbeständiger Mensch, der mit der Arbeit nicht vorankommt
De Dreesbüdel lett sick an 'n leevsten de Sünn in 'n Hals schienen.
dresen – faulenzen
dresig – langsam, faul

Dreihoors
Frau, die beim Gehen das Hinterteil dreht
*Gottskneep un Pannkoken, dat Dreihoors hett di 'n Sett-di-daal, dor
kannst twee vun maken.*

Driefeselbüdel
schlafmütziger Mensch [Elbmarschen]
Wat ritt de ole Driefeselbüdel wedder op 'n Pickdraht! – wie schnarcht er
wieder!

Driefsnuut, Driepsnuut, Drippnees, Drippsnuut
Rotznase, aufdringlicher, frecher Mensch
*De Driefsnuut fraagt mit sien dumm Fragen noch den Dreck vun de Straat
af.*
driefnesig, driefsnutig – naseweis, vorlaut, dreist

Drieseler, Drieselmatz, Drieselmeier
schläfriger, untätiger Mensch
De Drieselmeier kann sick mit wenig Arbeit helpen – ist faul.
drieseln – schlafwandeln; langsam gehen, nachlässig arbeiten

Drievenkiel, Driever
Herumtreiber, durchtriebener Bursche, Schelm
Wat sünd di dat för Drievers! – böse Buben.
drieverig – unruhig, ungezogen

Drögenist
dürrer, hagerer Mann; Drogist
De Drögenist kann sick achter 'n Bessensteel 'n rein Hemd antrecken.

Dröhnbartel, Dröhnboort, Dröhnbüdel, Dröhnert, Dröhnhamel, Dröhnkittel, Dröhnklaas, Dröhnkötel, Dröhnohr, Dröhnpeter, Dröhnputt
Faselhans; Windbeutel, Prahlhans; langsamer Mensch, unangemessen langsam fahrender Autofahrer
Ick weet, ick weet, du hest ook mol 'n Pund Tabak mit över 'n Knick wöltert, du Dröhnhamel.
dröhnbüdeln, dröhnen – langsam und eintönig, undeutlich und unklar, gedankenlos sprechen, faseln; langsam gehen, arbeiten oder fahren
dröhnig – langsam, schwerfällig im Sprechen und Handeln
Dröhnkraam, Dröhnsnack – unverständiges Gerede, Geschwätz

Dröögapteker
Drogist (wörtl.: Trockenapotheker)

Dröögbüdel
hagerer und/oder geistig trockener Mensch
De hunnert Johr Water drinkt, ward ook oolt, sä de Dröögbüdel.

Drook, Drooksnuut, Drookstock, Drookwust
dickfelliger Mensch; Frechdachs, Wagehals
Op den Drook haut man 'n Handspaak op af, ahn dat he ›pipp‹ seggt – er ist durch nichts zu beeindrucken.
drokig, drook – dreist, trotzig, dickfellig

Drömer, Droömboort, Droömbüdel, Drööm(el)klaas, Droömklööt, Droömtrien
Träumer, unentschlossener oder unaufmerksamer Mensch
De Droömklaas will ümmer 'n Schaap mit fief Been griepen.
drömen – träumen, spintisieren
drömerig, drömern, drömig, droömsch – träumerisch, geistig abwesend

Drucksbüdel
Mensch, der nicht aus sich herauskommt oder mit der Arbeit nicht vorankommt
Dat mark di, du Drucksbüdel, denken un menen drüggt, aver in 't Bett schieten, dat is wiss!
drucksen – etwas nicht sagen wollen
drucksig – langsam, täppisch, schwerfällig

Drumm, Drummel, Drumpel
kleiner, gedrungener Mensch
drummelig – wohlgenährt

Drümpel
Einfaltspinsel
Wenn düsse Drümpel so lang weer as dumm, kunn he ut de Dackrünn supen.
drümpelig – tölpelhaft

Drüs(e)ler, Drusselboort
schläfriger Mensch
Ick bün so mööd as 'n Pogg, seggt de Drusselboort, ick will eerst 'n poor Stunnen liggen un denn to Bett.
drusen, drusseln – in Schlaf sinken, schlummern

Druusboort, Druuskopp
miesepetriger Mensch, Querkopf
De Druusboort sitt dor, as wenn em een bi de Ohren daalpisst hett – wie ein begossener Pudel.
druus – ernst, finster, verdrießlich, mürrisch, unfreundlich

Ducks, Duuks
Narr, Großmaul (eigentl.: Teufel)
Wenn ick 'n halv Stünn eten heff, vergeiht mi de Aptiet, seggt de Ducks.

Dudelfiek
nachlässig arbeitendes, oberflächliches Mädchen
Dat verdeelt sick, sä de Dudelfiek, dor scheet se in de Arfen.
dudeln – schlendern, tändeln, etwas vergeuden

Dukatenkacker, Dukatenschieter
Allerweltskerl; Mann, den man leicht schröpfen kann
De Dukatenkacker kennt de Welt un söven Dörper.

Duker, Duuknack
Mensch, der geduckt umherschleicht
Op em, dat is 'n Duker! – er will sich durchschleichen.

'n Dull(e), Dullbregen, Dullerjahn, Dulljung, Dullklaas, Dullkopp, Dullkopphund, Dullwrangel
verrückter Kerl
Bi den Dullerjahn rappelt dat doch baben – er hat nicht alle beieinander.
dull, dullkoppig, dullköppsch, dullkoppt – eigensinnig, aufbrausend, zornig
Dullheit, Dulligkeit – üble Laune, Wut
Dullband, Dullbarg
wilder Junge [Lübeck]
Pass man op, du Dullband, Hunnen un Jungen mööt Schacht hebben! –
verdienen Prügel. (*Schacht* – eigentl.: Stock)
Dumendreiher
hinterlistiger Mensch, Betrüger (wörtl.: Daumendreher)
De Dumendreiher süht 'n Deev ähnlicher as 'n Aant.

Dummbatz, Dummboort, Dummbüdel, Dummedutt, Dummekrööt, Dummerjahn, Dummert, Dummflotz, Dummhans, Dummhinnerk, Dummjahn, Dummklaas, Dummrian, Dummsnuut
Schwachkopf, Einfaltspinsel
Düsse Dummbüdel hett jo woll 'n Rummel-in-de-Tüüt – ist nicht richtig
im Kopf.
dumm, dummdriest, dummdriestig, dummelig, dummerhaft, dummer-(h)aftig, dummerig – unverständig; dummdreist, frech, unverschämt; wirr,
verrückt; kindisch
Dummdriestigkeit – Unverschämtheit
(ver)dummdüveln – übertölpeln
Dünnbeer, Dünndarf, Dünndarm
magerer, kraftloser, schwacher Mann, der nicht gerechnet wird
Den Dünnbeer möögt jo nich mol de Hunnen anpissen.
Dünnscheet, Dünnschieter
Dünnbrettbohrer (eigentl.: Mensch mit Durchfall)
Man kann wull mit 'n Esel hacken, man nich mit em snacken, du Dünnscheet!
Dusendkünstler, Dusendschelm
Tunichtgut, Tausendsassa, Teufelskerl
För den Dusendkünstler is allens jümmers bloots 'n Klacks mit de Wixböst.
Dussel, Dusseldassel, Dusselhans, Dusselklaas, Dusselkopp, Dusseltier
unverständiger, dummer, ungeschickter Mensch
Stell di nich so teeputtig an, du Dusseldassel!
dusselig, dussig – wirr im Kopf, zerfahren, gedankenschwach, unüberlegt

Dussklemmer
Tropf, Hohlkopf
De Dussklemmer is so dumm, dat he Döörn opblasen will.

Dutt, Duttbüdel, Dutter, Dütter, Dütterbüdel, Düttersack, Duttoors, Duttsack, Duttschiet
kleiner, untersetzter Mensch; jemand, dem man alles bieten kann; beschränkter, ungeschickter Mensch (*Dutt* – Haufen)
Snied di man nich mit 'n hölten Mess, du Duttsack!
dutterig, dütterig, duttig, düttig – unbeholfen, ungeschickt, dummdreist

Duunbütt
betrunkener Kerl, Säufer
De Duunbütt is doot, nu ward de Branntwien billig.

Duurbrenner
Trinker, der fortwährend im Rausch ist (wörtl.: Dauerbrenner)
Ick will mien Bett woll finnen, sä de Duurbrenner, dor gung he in 'n Swienstall.

Düürkramer
Apotheker (wörtl.: Teuerkaufmann)
Denn doögt dien Rotten woll nix, sä de Düürkramer, as de Buur sick beklagen dä, dat Gift harr nich anslaan.

Düvel, Düvelsdeern, Düvelsding, Düvelskeerl, Düvelswiev
Teufel, verteufelter Mensch
Dat Düvelswiev hett al dree Mannslüüd ünner de Eer bröcht.

Duvenmelker
unfähiger Mann; Taubenzüchter, -halter (wörtl.: Taubenmelker)
De Duvenmelker, de hett den depen Teller ook nich erfunnen – ist nicht besonders gewitzt.

Dwaddel
langsamer, unbeholfener Mensch
De Dwaddel is 'n beten annershaftig – leicht geistesschwach.
dwaddeln – langsam gehen, schlendern

Dwaller, Dwallerbüx, Dwallerhans, Dwallerjahn, Dwallerklaas, Dwallerlieschen, Dwallhamel, Dwallhoot, Dwalloors
einfältiger, alberner, übermütiger Mensch
Laat di man nich vun 'n Luftballon överfohrn, du Dwaller!
dwall, dwallerig, dwallerwatsch, dwallsch, dwallsig – töricht, verdreht, albern, tölpelhaft
dwallern, dwallsen – albern spielen, übermütig umhertollen

Dwarsbüdel, Dwarsdriever, Dwarsgänger, Dwarshoot, Dwarskiel, Dwarskopp, Dwarsmuul, Dwarssnuut
Querkopf, Querulant
Dat is doch 'n Stück Snack as 'n Buddel vull Pannkoken un 'n Liter Mettwust, du Dwarsmuul!

Dwarskieker
schielender Mensch
He kickt mit linke Oog in dat rechte Brootschapp, düsse Dwarskieker.

Dwarslümmel
ungeschickter Mann
De Dwarslümmel hett Fööt as 'n Aant un Hannen as Appelmoos.

Dwarspisser
verächtlich für Mädchen
Na, is dat dütmol 'n Jung worrn oder wedder bloots 'n Dwarspisser? – ist diesmal der Stammhalter geboren?

Dwasselbüdel
beschränkter Mensch, Faselhans
Gotts, Fru Beckmann, sä de Dwasselbüdel, is dat för 'n Groschen Wust un denn in 'n Buddel?!
dwasselig, dwatsch – beschränkt
dwasseln, dwatschen – verqueres, unverständiges Zeug reden, faseln

Dweerbuck, Dweerdriever, Dweerkiel, Dweerkopp
Querkopf, Querulant
De Dweerbuck löppt rüm as mit 'n Finger in 'n Moors – gereizt.
dweerköppig, dwerig – widerspenstig, aufsässig, ungefällig

E

Ebbkopp
Dummkopf
Dat harr ick nich dacht, sä de Ebbkopp, dor full he vun 'n Wagen.

ebentüürsch
überkorrekt, absonderlich, eigentümlich, nachtragend, leicht beleidigt; nie zufrieden, wählerisch (beim Essen)
Bi düssen Buurn mööt wi sauber aflevern, dat is 'n ganzen Ebentüürschen – er läßt keine ungenaue Arbeit durchgehen.
He is so ebentüürsch as Karl Bock sien Hund, de wull op 'n Sünnabend mol keen Pannkoken freten.

Eckenpisser
Alleskönner, der – so spottet man – sogar um die Ecke pinkeln kann
De Eckenpisser, dat is ook so een, dat is de best, wenn de annern nich to
Huus sünd.

Eckenstaher
Eckensteher, Gelegenheitsarbeiter
De Eckenstaher is würklich leeg an, dor is ümmer keen Arbeit för em, in 'n
Sommer will he Snee schüffeln un in 'n Winter Köh höden.

Eendarm
langer, magerer Mann; Hungerleider
De Eendarm is so lang as annerthalf → *Asmus un drüttehalf Stinemagreet*
– unglaublich lang.

Eenspänner
Junggeselle, Single; Eigenbrötler (ursprüngl.: Einzelpferd vor dem Wagen)
De Eenspänner will vun de Langhorigen nix afweten – meidet Frauen.

Egenbuck, Egenkopp, Egenputt
eigensinniger, verbockter Mensch
egen – störrisch, unbotmäßig, eigen(sinnig)
De Keerl is so egen as Gnutzmann sien SÖÖg, wenn de nix Nattes kriggt,
denn mag se ook nix supen.

Eierkopp
Schwachkopf (im Gegensatz zum englischen *egg head* – Eierkopf, der als
besonders geistvoll gilt)
De Eierkopp is doch to'n Starben to dumm, de mutt eerst slacht warrn.

Ekel, Ekelpaket
unangenehmer, widerlicher Mensch
Du ole Ekelpaket hest woll lang keen an de Batterie kregen – an den Kopf.

Elefantenküken
großer Mensch
Hau dat Elefantenküken op 'n Kopp, dat dat Plattfööt kriggt!

Elias-krabbel-an-de-Wand
bedauernswerte Kreatur
Düsse Elias-Krabbel-an-de-Wand sehg de Koh för 'n Windmöhl an, un as
he tosehg, weer dat 'n Foder Heu.

Ellenrieter, Ellenritter
Tuchhändler (nach dem Längenmaß Elle)

Elmriff, Elwenripp
lang aufgeschossener Mann (eigentl.: Mensch mit elf Rippen)
De Elmriff is so mager as 'n Gooskötel – dürr wie vertrockneter Gänsekot.

42

Enn

lang aufgeschossener Mensch
*Dat Enn hett so 'n langen Rump, de bruukt
Krawatten so lang as den Börgermeister sien
Büx.*

Esel

beschränkter, unbegabter Mensch
*De is jo woll in 't Klockenhuus konfermeert,
de ole Esel* – seine Ausbildung läßt im Weltlichen wie im Religiösen Fragen offen.

Ewer

unsauberer, unmoralischer Mann (wörtl.: Eber)
*Di ole Ewer hau ick glieks een vör 'n Latz,
dat di dien klapperiget Gebiss dör den Darm
marscheert.*

rumewern – sich schweinisch benehmen

Elmriff

F

Faatdook

unselbständiger Mann, Waschlappen (eigentl.: feuchtes Küchenwischtuch)
Man sacht, sä dat Faatdook, un dor kreeg he 'n Fuust op 't Oog.

Fackeleut, Fadaleut

nachlässig arbeitendes, oberflächliches Mädchen
De Fackeleut lett nix anbrennen – läßt sich Männerbekanntschaften nicht
entgehen.

fackeleuten – sich herumtreiben, müßig gehen, seinem Vergnügen nachgehen

Fall-in-(de)-Brie, Fall-in-(de)-Dreck, Fall-in-de-Grütt, Fall-in't-Huus, Fall-över-de-Lee (Sense), Fall-to, Fall-um

tölpelhafter, unbeholfener Mensch; grobe, unhöfliche, klotzige Person;
jemand, der mit der Tür ins Haus fällt
Dor bring ick 't, sä de Fall-in-Brie, dor full he mit sien Kraam to Döör rin.

Fang-up

Lauscher, Neugieriger, der jedes Wort aufschnappt
*He is recht so 'n olen Fang-up, bloots wenn du wat vun em wullt, denn is
he doof* – taub.

Farken
schmutziger Mensch (wörtl.: Ferkel)
Dat ole Farken wascht sick to Wiehnachten den een un to Ostern den annern Foot.

Faselhans, Faselmütz
Schwätzer
Bi den Faselhans kümmt nix as Aantensnack ruut – nichtssagendes Geschwätz.

Fattholer, Fettholer
schwacher, mutloser Mensch [Süderdithmarschen]
De Fattholer is 'n Keerl as 'n David, wenn he man 'n Harp harr – er könnte es mit Goliath aufnehmen, wenn er musikalisch wäre.

Faxenmaker
Spaßmacher; Schauspieler
Wenn 't Glück vun achtern rin will, helpt ook keen Moorstokniepen, seggt de Faxenmaker.

Fechtbroder, Fechtmajoor
Bettler, Landstreicher (*fechten* – betteln)
Düsse Fechtbroder is wat Beteres: He is 'n Eddelmann – mit 'n B dorför.

Fedderfuchser, Fedderlicker
Schreiber, Büroangestellter

Feeg-in-Sack
geldgieriger Mensch, der sich das Geld anderer Leute einverleibt
De Feeg-in-Sack kann den Hals nich vull kriegen.

Feerhehn
neugierige Frau [Angeln] (eigentl.: Henne, die keine Eier legt)
De ole nielige Feerhehn putzt lever anner Lüüd Finster – kümmert sich gern um Angelegenheiten anderer Leute.

Feger
unruhiger Geist, Draufgänger, Herumtreiber; wildes Mädchen; Nymphomanin
Wat do ick mit de Büxen, sä de Feger, wenn dor nix dorin is.

Feigling
Hasenfuß
Bang bün ick keen Happen, aver lopen kann ick fix, seggt de Feigling.

Feldwevel
herrische Frau; Chefin; Köchin
Dat segg ick di, düsse Feldwevel passt op 'n Kaneel – scharf auf.

Felgenböger
Stellmacher
Gott geev, dat 't rund ward, sä de Felgenböger, dor maak he 'n Rad.

Fell
schlampige Frau, Hure (wörtl.: Fell, Haut)
Se is 'n leeg Fell un lett geern mol fremde Karpen in ehrn Mann sien Diek
(Teich) – nimmt es mit der ehelichen Treue nicht sehr genau.

Festerbütt
Schwatzliese [Süderdithmarschen] (*festern* – schwatzen)
Herrjemine, wat is di dat för 'n Festerbütt?

Fetthamel
schmieriger Mensch, Schmutzfink

Fettsack, Fettwanst
übergewichtiger Mann
De Fettwanst kann keen Buuksmaat holen – kennt im Essen kein Maß.

Feudelswenker
Putzfrau; Decksmatrose
Damen gaht vör, sä de Feudelswenker, as welk över Boord smeten warrn
schullen.

Fickefacker, Fickfack
unbeständiger Mensch, Windbeutel
De Fickefacker is mol ›hü‹ un denn wedder ›hott‹.

Fick(en)verteller, Fiekentellersch, Fiekenvertell, Fiekenverteller(sch),
Fietenvertell, Fietenverteller(sch), Fiezer, Fitt, Fittenverteller(sch),
Fittjen, Fittjen(ver)teller, Fitzenteller, Fitzenverteller, Furtenvertel-
ler, Futtenverteller(sch), Füttjenteller
Fabulant(in), Petzer(in)
Gah na Huus, du Fiezer, dien Mudder will di mit 't Brootmess kämmen.
fiezen – angeben, petzen

Fiddeljan, Fiedelhinnerk
schlechter Musiker
De Gniedelee vun düssen Fiedelhinnerk klingt, as wenn man in 'n Stevel-
schacht schitt un smitt em op 'n Böhn – spielt zum Weglaufen.

Fiechelbroder, Fiecheler, Fiechelkatt, Fiechelputt, Fiecheltasch
Schmeichler
Dat de ool Fiechelbroder di bloots in 'n Moors krupen will, dat is doch
kloor as häkelte Swienschiet.
fiecheln – schmeichelnd liebkosen, zärtlich streicheln, schmeicheln

45

Fief-Penns-Keerl
verachtenswerter Kerl [Altona]
Den Fief-Penns-Keerl will ick wiesen, wo de Muurmann dat Lock laten hett – ihn an die frische Luft setzen.

Fieken, Fieken Drallala
unordentliche Frau (eigentl.: Koseform von Sophie)

Fienpüschen
schwächliche Person, die keinen Wind und kein Wetter vertragen kann [Dithmarschen]
De Fienpüschen süht ut as 'n aflickten Kantüffel – sehr elend.

Fies, Fiesbüdel, Fiesser, Fiest, Fiss, Fissbüdel, Fisseljörn, Fistblaas
schwächlicher Mann
Wenn de Katt schitt, meent de Fies dat dunnert un denn sitt em ook al dat Hart in 'n Hals.

Fies – Furz

fiesserig, fiessnüchtern – hinfällig, elend, blaß; ängstlich

Fiesematentenmaker
Faxenmacher; Schauspieler
Arbeit maakt Spaass, seggt de Fiesematentenmaker, ick kann dor stünnenlang bi tokieken.

Figur (nur sächlich)
Jammergestalt, allgemein abfällig
Wat will dat ool Figur vun mi?

Filax
hinterhältiger Mann (nach dem Höllenhund Phylax in der griechischen Mythologie)
Du büst mi 'n schönen Filax: 'n olen Mann in 'n Boort spütten un denn seggen, dat regent.

Filister
schlauer, hinterlistiger Mensch; Spießbürger (nach den biblischen Philistern)
De Filister, de is dat nich weert, dat du em twüschen twee Spoons ut de Stuuv driggst.

Filit, Filu
gemeiner Mann, Filou
Wohr di vör den Filu, de hett mit 'n Düvel Skaat speelt! – spielt ein teuflisches Spiel.

filuunsch – bösartig

Finstergaffer, Finsterkieker
Spanner, Voyeur

Fips
kleines, dünnes Kerlchen
Wenn de Fips op 'n Disch kieken will, denn mutt he eerstmol opblockt
warrn – durch einen Block erhöht werden.

fipsig – klein, winzig

Fischkopp
allgemein abfällig
Gah na 'n Maand un brenn Kaffebohnen, du Fischkopp!

Fischwiev
großmäulige, zänkische Frau
Dat Fischwiev kann schimpen as 'n → *Ketelflicker.*

Fittjepopp
verhätscheltes Püppchen

Fladdervagel
unbeständiger Mensch [Schwansen]
Segg mol, hett dien Fladdervagel vun Dochter Arbeit, oder geiht se mit de
Lacktasch? – geht sie auf den Strich?

Flammer
Schmied (Rotwelsch)

Flapp(s), Flappsnuut
Mensch mit breit hängender Lippe; Großmaul; Schlingel, Flegel
Hool dien Brootluuk, du Flapps, anners wies ick di, woans de Höltenklin-
ker Karkenklocken beiert!

flappsig, flappig – flegelhaft

Fleeg-in 'n-Brie, Fleeg-op
Wildfang
Man immer sinnig mit de jungen Peer, du Fleeg-op!

Flegel
frecher Mensch, Lümmel
Beter lütt un kregel as groot un 'n Flegel.

Flegenplücker
Schmetterlingssammler [Süderdithmarschen]
Pedd di man keen Semmeln in de Hack, du Flegenplücker!

Flegenweert
Wirt einer kleinen Gaststätte, Kaschemmenwirt (ursprüngl.: umherziehen-
der ›fliegender‹ Wirt)

Fleut, Fleutert, Fleuthehn
leichtfertiges Mädchen (eigentl.: Flöte – auch in der Bedeutung: weibli-
che Scham)

För 'n Jumfernschaft kann ick mi keen Semmeln kopen, seggt de Fleut –
steht bei ihr nicht hoch im Kurs.

fleuterig – leichtsinnig [Norderdithmarschen]

Flickschooster
schlechter Schuster, der nur reparieren kann
Wenn 't nich för 't Geld weer, sä de Flickschooster, maak ick nich een poor Schoh mehr.

Flidderfladder, Flillerflaller
flatterhafte Person (auch: Durchfall)

Flieptrien
weinerliche Frau (*Fliep* – hängende Unterlippe)
Se lett de Lippen hangen, düsse Flieptrien, dor köönt söven Schock Höhner op sitten.

fliepen – das Gesicht zum Weinen verziehen

Flinkfoot, Flinksteert
rascher, beweglicher, gewitzter Mensch

Flipp-Flapp
Großmaul, Dauerredner [Dithmarschen]
Man mutt nich all Leder to Enn singen, du Flipp-Flapp!

Flöh(n)büdel
Windbeutel (wörtl.: Beutel voller Flöhe)
De ool Flöhnbüdel hett Infäll as 'n ool Huus, dat bi Sünnschien ümfallt – Ideen von geringer Tragfähigkeit.

Flöhfotz
weibischer, energieloser Mann
De Flöhfotz sitt dor as Piek fief, wenn 't Wagenrööd regent.

Flöhnpeter
Mann, der langsam bei der Arbeit ist (*flöhnen* – flöhen)
De Flöhnpeter maakt dat as uns Börgermeister, de lött ook dat in Gnaden schehn, wenn 't regent.

Flööz, Flotz
Flegel, Grobian
Nimm di in Acht, du Flööz, anners versuup ick di in 'n Linnenboom!
Flööz, Flöözkeek – Maul
flözig, flöötsch, flotzig – unmanierlich, rücksichtslos, unausstehlich

Flubbersack
prahlerischer Schwätzer, Schwafler
Ick bün vun hoge Afkunft, seggt de Flubbersack, mien Vadder hett op 'n Böhn wahnt.
flubbern – sinnlos schwatzen

Fludderklaas, Fludderpeter
nachlässiger Arbeiter
Faat man jo nix an, du Fludderklaas, du weetst jo, dreemol in 't Johr kickt de leve Gott vun 'n Himmel, un den he denn bi de Arbeit dröppt, de mutt dorbi blieven!
fludderig, flullerig – flatterig, flüchtig
fluddern, flullern – flattern; nachlässig, flüchtig arbeiten

Flunder
flachbrüstige Frau (eigentl.: Plattfischart)
Vörn is bi de Flunder dor, wo de Brusch sitt.

Flunkerbüdel, Flunkerbüx, Flunkerer
Aufschneider, Lügner, Prahler
De Flunkerer lüggt noch mol den Düvel 'n Ohr af.
Flunkerie, Geflunker – Flunkerei, Geprahle, Lüge
flunkern – aufschneiden, lügen, prahlen

Flunki
leichtsinniger, unzuverlässiger Mann, Lakai (eigentl.: Spottname für Bedienstete; englisch: *flunkey*)

Flunsch
unordentlich gekleidete Person
De Fru is recht so 'n ool Flunsch: ehr Tüüg ward bloots noch vun de Flikken tosamenholen.
'n Flunsch opstellen, 'n Flunsch trecken – ein beleidigtes Gesicht machen

Fluus; Fluuskater
unordentlich, nachlässig gekleidetes, flatterhaftes Mädchen; unordentlicher Mann
flusen – flattern, flüchtig umherlaufen, nichts schaffen, stümpern
flusig – flatterhaft, oberflächlich, nachlässig, unordentlich
Fluuskraam – flüchtige, eilig und nachlässig hergestellte Arbeit

Fock
beschränkter, einfältiger, unbeholfener Mann (ursprüngl.: die letzte Garbe beim Kornmähen)
De Fock hett dat Pulver nich erfunnen, aver he hett in de Stuuv blangenan seten.

Fohr-in-Brie
unbeholfener Mensch

Fohr-to
rasch, unbesonnen, rücksichtslos handelnder Mensch, Draufgänger [Dithmarschen, Eiderstedt] (wörtl.: Fahr-zu)

De Fohr-to hett Infäll, dor kann 'n ool Peerd vun starven.

Fohrtüüg
aufgetakelte Frau
Mien Mann is Marinemaler, he is op de Werft un teert Scheep, seggt dat Fohrtüüg.

Foos
Hure, Frau mit lockerem Lebenswandel
De Foos hett 'n fein Vergissmeinnicht vun ehrn Kavalier – ein uneheliches Kind.

Fosenbums, Fosenswuutsch – Aufreißball, Ball der einsamen Herzen
Fosenkaffee, Fosenlokal – anrüchiges Lokal, Bumslokal
Fosenkavalier – Mann, der mit Huren verkehrt

Fott
Tropf, armer Wicht [Angeln] (eigentl.: Furz)
Sett di op 'n Moors, du Fott, denn krupen di dor keen Wespen rin.

fottig, futtig – ungeschickt, tölpelhaft

Fotz(e)
schamlose Frau; stark abfällig (auch: weibliche Scham)
Lever Been ut'neen as in de Wötteln kneen, seggt de Fotz – Beinespreizen ist einträglicher als Unkrautjäten.

Fotzenlicker
Speichellecker, unangenehmer Mensch, allgemein verächtlich für Mann
Wat is he jümmers kattenfründlich, düsse Fotzenlicker.

Fraag-em, Fraaglapp
viel fragender Mensch [Fehmarn]
Du ole Fraaglapp kannst fragen, as wenn du ut Hamborg büst.

Fratz
Schelte, besonders für kleine Kinder, aber auch liebevoll gemeint
Wat sünd wi doch nüüdlich, wenn wi lütt sünd, sä de Fratz, dor keek he sick de Farken an.

Frechdachs, Frechmops
vorlauter, aufsässiger Mensch (zumeist Kind)
Hool dien Swiegstill, du Frechdachs!

Freetbüdel, Freet-op, Freetsack, Freetslöök, Freetwulf, Freter, Fritt-op
Vielfraß
Rein Fatt, sä de Freetbüdel, dor sluuk he de Schöttel mit daal.

Fregatt
aufgetakelte Frau

Frisör
Homosexueller

Frostkater, Frostkötel, Früsterkeerl, Früstkötel
kälteempfindlicher Mensch
Minsch, hest du denn keen kole Fööt in dien dicke Pudelmütz, du Frostkötel?

Fruunsminsch (nur sächlich)
allgemein abwertend für Frau
Dat Fruunsminsch mag ick nich mit de Füürtang anfaten.

Fulenzer, Fuul, Fuuljack, Fuulpelz, Fuulqueens, Fuultier, Fuulwams, Fuulwust
fauler, arbeitsscheuer Mensch
Wenn ick man eerst leeg, sä Fuulwust un seet in 't Bett.

Füllbütt
Vielfraß, besonders von einem Kind (dänisch *fyldebøtte*)
Dat Füllbütt is nich satt to kriegen, wat du baben opfüllst, löppt glieks nerrn dör weg.

Fumfei
pflichtvergessene Person, die lieber zum Tanz als zur Arbeit geht
fumfeien – lustig geigen und tanzen

Fummel
kleiner Wicht (wörtl.: Lappen, Tuchfetzen)
Legg di man 'n Strohhalm ünner de Fööt, du Fummel!

Fummel, Fummelfieken, Fummelhans, Fummeltrien
nachlässiger, liederlicher Mensch; jemand, der nicht ganz richtig ist
fummelig – schlampig, unordentlich, langsam
fummeln – unordentlich und unnütz arbeiten; schwierige, kleinteilige mechanische Arbeit verrichten
Fummelkraam – schwierige mechanische Verrichtung

Fummelhannes
Mann, der Frauen betatscht; Mann, der mühselig mechanische (kleinteilige) Arbeit verrichtet
De ole Fummelhannes mag geern mol Grabbelvisiten maken – unzüchtige Griffe ausführen.

Funsel, Funselbüdel, Funselgreet, Funselklaas, Funselpeter, Funseltrien (alle auch: Funzel-)
unordentliche, nachlässige Person
funzelig – abgegriffen, schmutzig; ungeschickt
Funselkraam, Funzelkraam – schlechte, unordentliche Arbeit

Fummelhannes

Fuscher
Pfuscher
Beten scheef hett Gott leev, beten krumm seggt he ook nix um, seggt de Fuscher.
fuschern – pfuschen, oberflächlich arbeiten
Futtjen, Futtjer
Feigling, charakterloser Mensch [Norderdithmarschen] (eigentl.: das Fettgebäck *Förtchen*)
De Futtjen is bang, dat he sien Nees in de Westentasch afbrickt – übervorsichtig.

Fuulsnuut
schmutziger Mensch; Mensch mit losem Mundwerk
'n Füünschen
Choleriker
Pass op, dat is 'n Füünschen, de kaakt op as 'n Wellingputt! – Topf mit Milchsuppe.
füünsch – aufgebracht, zornig, wütend; bösartig, hinterlistig, hämisch, höhnisch, giftig
Füünschigkeit – Zorn, Wut
Füürdüvel
Brandstifter
Dat helpt för de Müüs, sä de Füürdüvel, dor stook he sien Huus an.

Füürfreter, Füürputt
Hitzkopf, Draufgänger, jähzorniger, tollkühner, ungeduldiger Mann; Feuerschlucker
Dat is 'n rechten Füürfreter, de haalt noch den Düvel ut de Höll.

Füürkiek
alte Frau [Dithmarschen] (eigentl.: Gefäß für Glut)
De ole Füürkiek weer junge Deern, as de Poggen noch Prüken drogen; nu hebbt se kahle Köpp.

Füürpüüster
Brandstifter (eigentl.: Blasebalg), auch als Zusatz zu Vornamen, z.b. Korl Füürpüüster
Dat weer 'n kolen Slag, sä de Füürpüüster, dor brenn de Kark.

Fuusthannsch(en), Fuusthandschoh
unbeholfener Mensch (wohl weil Fausthandschuhe den freien Gebrauch der Finger hemmen)
An den Fuusthannschen kannst dat mol wedder sehn, vun 'n Swien kannst nich mehr verlangen as Specksieden.

G

Gaapstock
Person, die mit offenem Mund gafft, verständnisloser Mensch [Angeln, Schwansen]
Wat hett dat Deert för grote Lüüs, sä de Gaapstock, dor sehg he veer Apen op 'n Kameel danzen.
gapen – den Mund offen halten, gaffen

Gabbeltasch
Mensch, der über jede Kleinigkeit laut lacht [Norderdithmarschen]
Wenn de Gabbeltasch lacht, denn kriegt sien Ohren Visiten – Besuch.
gabbeln, gacheln, gaffeln – albern lachen
gabberig – albern

Galgenkandidaat, Galgenpreester, Galgenvagel
schlechter Mensch; maliziöser Advokat
Dat segg ick di, düsse Galgenpreester is jo 'n ganz gefährlichen Europäer.

Galionsfigur
Frau mit hervorragender Oberweite
Mit de Tittelatur kann düsse Galionsfigur op de Landwirtschaftsutstellung glatt noch 'n Pries winnen.

Galoppschooster
flüchtiger Arbeiter; Arbeiter in einer Schuhfabrik

Gammel
alter Mann (wohl aus dänisch *gammel* – alt)

Gammler
arbeitsscheuer Herumtreiber; Student
Ick wull, dat all Daag Sünndag is un Freten un Supen mien Handwark weer, seggt de Gammler.

Ganner
bösartiger, hinterhältiger, bissiger Mann (wörtl.: Ganter)
De ole grannige Ganner döggt doch in sien Fell nix – hat nur schlechte Charaktereigenschaften.

Ganoov
Gauner, Dieb (jiddisch: *gannaw*)
De Ganoov is ehrlich as → *Jan-Hagel, de leet nix liggen as Möhlsteen un glöhnig Iesen.*

Gast
Gesell, Mann, Bursche
'n dreebenigen Gast – eigensinniger Patron [Angeln]
'n rugen Gast – Wüstling

Gattenlicker
Arschkriecher, Speichellecker (*Gatt* – Hintern)
Biet di man nich de Nees af, du Gattenlicker!

Gattenpietscher
Lehrer (wörtl.: Arschpauker)

Gaudeev
schneller, gewandter, listiger Dieb; Schelm
Düsse Gaudeev is bi Klemm un Klau in de Lehr gahn.
gau – schnell, flink
gaugriepsch – diebisch, schnell bei der Hand
Gauigkeit – Eile, Schnelligkeit

Gauner
unehrlicher Mann, Betrüger, Falschspieler
De Gauner spinnt mol wedder Toback – sitzt ein.

Geck
eitler Mann, Schönling; Narr, Schalk
Speel di man nich so op, du Geck, du hest ook op holten Tüffeln to School lopen.
geck – närrisch

Geck

Gedips
Geschöpf
Wat büst du 'n ole Gedips, wenn ick di nich harr un mien Nachtmütz, dennso müss ick blootkoppt to Bett gahn.

'n Geelhorigen
furchtsamer, verzärtelter Mensch
Düssen Geelhorigen schall 'n ümmer de Hand vör 'n Moors holen – in Schutz nehmen.

Geelschieter
an Diarrhö leidender Mensch
De Geelschieter hett den Glückstädter Parademarsch – Durchfall.

Geelsnacker, 'n Gele(n)
Mensch, der affektiert, geziert (hochdeutsch) spricht (gelb gilt als Farbe der Falschheit)
Breek di man nich de Tung af, du Geelsnacker.
geel snacken – Hochdeutsch sprechen, obwohl man Plattdeutsch kann
He snackt geel mit gröne Pricken – Hochdeutsch mit plattdeutschen Einsprengseln.

Geelwuttelngesicht
Mensch mit ungesundem, häßlichem, gelbem Gesicht (wörtl.: Gelbe-Wurzeln-Gesicht)
Dat Geelwuttelngesicht süht ut as spiete Warmbeer – wie erbrochenes Warmbier.

Geestkeerl, Geestknacker
Geestbewohner, der keine Manieren hat (aus der Sicht der Marschbewohner)
De Geestkeerls suupt dat Beer noch ut Ammers.

Geestkeerl

Gefluus
Gezücht, Bande
Schull ick dat ganze Gefluus nich mol bi 'n Kanthaken kriegen?

'n Geilen
Hitzkopf, sexuell erregter Mann
geil as Kattenschiet – mit starkem Geschlechtstrieb, hormonverwirrt

Geldbüdel, Geldsack
reicher Mann
De Geldsack hett so veel Geld, dor kann he Swien mit fodern.

Geldteller
Kassierer, Kassenbeamter [Süderdithmarschen]

Geldsack

Geldverfluttjer
Geldverschwender
De Geldverfluttjer stinkt na Dalers as dat Swien na Onjekolonje.

Genöök, Gnöök
Geschöpf; Pack
Dree vun dat Genöök verdreegt sick goot, wenn twee nich dorbi sünd.

Geripp
dürrer Mensch
Wenn dat Geripp sick ook in Smeer umdreiht, he ward bloots smerig aver nich fett – setzt nichts an.

Geschichtenverteller
Lügenpeter
De Geschichtenverteller will jümmers dree Keerls söven Arms afhaut hebben.

Gesicht-ut-de-Dranktunn
abgrundhäßlicher Mensch
Düt Gesicht-ut-de-Dranktunn süht ut as 'n ole Söög vun achternto.

Gesinnel, Gesinneltüüg
Gesindel, Pöbel, Pack
Dat Gesinneltüüg verdeent sick nich dat Solt op 't Broot.

Gesocks
Gesindel, Pack
Wenn de Müüs bi dat Gesocks in 't Brootschapp kiekt, loopt ehr de Tranen langs de Backen.

Gestalt
Jammergestalt, verwachsener Mensch
De Gestalt hett 'n Schapp op de Nack – einen Buckel.

Gestell
großer Mensch mit auffälliger Figur

Gestkonditer
Bäcker (*Gest* – Hefe)

Getudel
Gesindel
Dat Getudel wahnt in de Mitnehmerstraat Nummer Sacksband.

Gewitterhex, Gewitterzeeg
zänkische, aufbrausende, temperamentvolle Frau

Gieschebass, Giesebass, Griesebass
schmutziges Kind [Angeln]

Giezangel, Giezhals, Giezhund, Giezknaak, Giezknaken, Giez-knacker, Giezknuppen, Giezknüppel, Giezknippel
Geizkragen
De Giezknüppel kriggt de Hals nich ehr vull, as bet he em vull Eer hett –
bis er tot ist.

giezig – geizig

Giftangel, Giftkater, Giftkopp, Gifttuuts, Giftuuts, Giftzippel
wütender, leicht aufbrausender Mensch
De Giftangel hett de Gall to dicht bi 'n Achtersten sitten.

Giftmischer
Arzt, Apotheker; Klatschmaul
Dat is nu leider 'n gesunne Tied, seggt de Giftmischer to 'n Dokter.

Giftnudel, Giftsprütt, Giftzippel
zänkische Frau
De Giftnudel treckt 'n → Flunsch as 'n Propp op 'n Etigbuddel.

Glattsnacker(sch), Glattsnuut, Glattsnuutsnacker
Schmeichler(in)
Dat helpt nix, mit den Glattsnacker musst du mol richtig düütsch snacken
– ihm deutlich die Meinung sagen.
Glattsnack – Schmeichelei

Glippoog
Mensch mit schiefen, schielenden, halbgeöffneten Augen
Een Düvel heet den annern Glippoog un schelen doot se all beid.

Gludderputt, Gluddertasch
Mensch, der fortwährend und grundlos lacht
De Gludderputt is man wat dumm kunfermeert – hat nicht viel gelernt.

gluddern, glullern – übermütig, grundlos lachen

Gluupoog
Mensch mit herausquellenden Augen
Dat Gluupoog hett Klüsen, dor kann man Schötteldöker ut rieten.

gluupsch
tückisch, lauernd, falsch; unvermutet, überraschend, plötzlich; ungestüm, hastig, stürmisch; plump, gewalttätig, unverschämt, gierig; stark, groß, bedeutend
He sloog em gluupsch in 't Oog – unerwartet.
He hett so 'n gluupsche Schuurn – ist zuweilen sehr ungestüm.
He haut ümmer foorts so gluupsch to – gewalttätig.
'n gluupschen Hund – ein hinterlistiger, durchtriebener Mann
Gluuptog – unerwarteter Gewinn, reicher Fang, plötzlicher starker Zug, unverhofftes Glück
Gluupschtöög – heimtückische oder tolle Streiche

Gnaasterboort, Gnaasterputt
Murrkopf, Brummbär
gnaastern – knurren, brummen, unzufrieden sein
He gnaastert as 'n Putt vull Müüs.
gnaastig, gnaastrig – verdrießlich, mürrisch

Gnarrer, Gnarrpeter, Gnarrputt
Nörgler; Mann mit knarrender Stimme
De Gnarrpeter süht ut, as harr he 'n Blackputt utsapen – verdrießlich (als hätte er ein Tintenfaß ausgetrunken).
gnarren – knurrig, verdrießlich, unfreundlich, unzufrieden, weinerlich sein
gnarrig – knarrend, knurrig, mürrisch

Gnatter, Gnatterkasten, Gnatterputt, Gnattjebrummer, Gnatzkopp
übellauniger, griesgrämiger Mann
De is woll ganz in de Blaas verbiestert, de ool Gnatzkopp.
gnatterig, gnattig, gnatzig – brummig, knurrig, verdrießlich; kratzbürstig, gereizt
gnattern, gnatzen – nörgeln; kratzbürstig sein

Gneerketel
mürrischer Mensch
Wenn düsse Gneerketel in de Melk kickt, ward se suur.
gneren – knurren, mürrisch sein

Gnegel(er), Gnegelbüdel, Gnegellock, Gnegelputt
verdrießlicher Mensch, Nörgler; Knauserer
Keen hett di denn in de Petersill scheten, du Gnegelbüdel – die Laune verdorben.
begnegeln – bekritteln, nörgeln (ursprüngl.: Nägel abkauen)
gnegelig – unmutig, mürisch, nörgelnd; knauserig
gnegeln – verdrießlich sein, nörgeln, anhaltend leise weinen; geizig sein
Gnetergnick
verwachsener Mensch [Süderdithmarschen] (wörtl.: Knittergenick)
gnetern – knittern
Gneterputt
Griesgram, Nörgler
gnetern – knattern, knacken, knirschen
Gnickerbüdel, Gnickerer
lachfreudiger Mensch
De Gnickerbüdel freit sick as 'n Rohrspatz in 'n Peermist.
Gegnicker – Gelächter
gnickeln, gnickern – kichern, verstohlen lachen
Gniedelbass, Gniedelhart
ständig nörgelnder, unausstehlicher Mensch
De is giftig as 'n → *Adder, düsse Gniedelbass.*
gniedeln – nörgeln
Gniedelmeister
Musikant
gniedeln – schlecht geigen
He gniedelt op sien Schraapschinken – Geige (wörtl.: Kratzschinken).
Gniesgnarr
Miesepeter, Brummkopf
Laat den Gniesgnarr man eerstmol afstinken, de kummt al wedder bi sick.
gniesen – spöttisch, hämisch lachen
Gniffel
Nörgler
Man kann 't an sien Gesicht sehn, wat he för 'n Gniffel is.
Gnitterklaas, Gnitterputt, Gnittersteert
Murrkopf, Querulant
gnittern – murren, nörgeln
gnittscheefsch, gnittschewig – verdrießlich, verbissen, hinterlistig, heimtückisch; geizig
De Keerl is so gnittscheefsch, he bitt sick lever 'n Stück vun 'n Finger af un köfft för 'n Groschen Plaaster.

Gnurrhahn, Gnurrputt
mürrischer, übellauniger Mensch
De ole Gnurrhahn maakt 'n Gesicht as suur Gruben (Graupen) un Torfsoden.

gnurren – knurren, brummen, murren
gnurrig, gnurrsch – mürrisch, brummig

Gnuser
verschlossener Einzelgänger [Stormarn]
Den Gnuser fallt de Wöör ut 't Muul as den Buck de Lämmer.

Gnutt
Horde von unwichtigen, aufdringlichen Leuten (eigentl.: Gewitterfliegen)
Fröher bi 'n Dään harr dat so 'n Gnutt nich geven.

Gnuusbüdel, Gnuusputt
Murrkopf, Miesepeter
De Gnuusbüdel maakt 'n Lipp, dor kann 'n ole Fru mit 'n Spinnrad op sitten.

gnusen – murren, nörgeln, schelten
gnusig – mürrisch

Goliath
großer, ungeschlachter, tapsiger Mann
Wenn düsse Goliath sien Mütz opsetten will, denn mutt he eerstmol in de Knee gahn.

Göör (nur sächlich)
freches, unartiges, unausstehliches Kind
görig – kindisch, albern
Wat schüllt so 'n ool görige Töög? – Albernheiten.

Goos
Gans, einfältige, dumme Person, besonders Frau
De Nees so hooch, de Kopp so leer, wo hett so 'n Goos ehr Ganner her.
He is 'n Goos, se hebbt em plückt – ein Einfaltspinsel, der sich übers Ohr hauen läßt.
gosig – albern

Goosoog
schläfriger Mensch
Gah to Bett, du Goosoog, anners slöppt di de Moors noch in.

Gootbloot
allzu gutmütiger Mensch, Naivling
So is dat bi den Gootbloot: de Dankbüdel is ümmer vull, de Geldbüdel is leddig – er läßt sich mit einem warmen Händedruck abspeisen.

Görengedriev, Görengelagg, Görenpack, Görentüüg, Görenvolk
Kinderbrut, -schar
Dat segg ick di, dat Görengedriev hett nich noog Rambass kregen – körperliche Züchtigung.

Gössel
einfältiges Kind, besonders Mädchen (eigentl.: Gänseküken)
Dat Gössel is 'n beten vun de Hack afsneden – beschränkt.

Gottswoort-Handlanger, Gottswoort-Naharker
Küster; Organist

Gottswoort-vun 'n-Lann
Landpfarrer; Unschuld vom Lande

Grabbelheini
Schürzenjäger, Mann, der gern Frauen anfaßt
De ole Grabbelheini is dull na de Deerns – stellt den Frauen nach.

Grandjer, Grandmonarch, Grantje
Straßenbauarbeiter, wandernder Erntearbeiter; Bettler, Landstreicher
Geld heff ick nich, aver fein Tüüg heff ick mol hatt, seggt de Grandmonarch.

Grapenpüüster
Küchenmädchen, Köchin (*Grapen* – Kochtopf)
De Grapenpüüster is aver ook so wat vun giezig, de braadt de Kantüffeln in Teeketelfett – in Wasser.

Grappenmaker
Faxenmacher, Spaßvogel (*Grapp[en]* – Launen, Grillen, wunderliche Einfälle, Schelmenstreiche)
Ick kann woll Spaass verdregen, seggt de Grappenmaker, man bloots keen fieftölligen Nagel in 'n Moors.

Graps(ch)er, Graps(ch)kater, Graps(ch)meier
raffgieriger Mensch; Mann, der es liebt, Frauen zu betatschen
Wenn düsse Grapscher bloots an de Köömbuddel rüükt hett, kann he sien Wixgriffeln al nich mehr bi sick holen.
graps(ch)en – schnell nach etwas greifen, haschen, entreißen, stehlen
graps(ch)ig – habgierig, alles an sich reißend

Graps-in-de-Brie
unbeholfener Mensch, Tolpatsch

Grasaap
eingebildeter Mensch (wörtl.: Grasaffe)
Nee doch, wat blaast düsse Grasaap de Backen op – so eingebildet, daß er fast platzt.

Grasmieger
allgemein abfällig für Mädchen (*miegen* – pinkeln)

Graverjahn
Grobian
De Graverjahn is 'n → *Boor vun Keerl.*

Grelloog
Schieler; jemand, der scharf, begehrlich guckt, mit funkelnden Augen
Dat Grelloog gluupt as Jakob Heister, de kickt na beide Sieden.

Gretzkopp
Knurrpeter
De Gretzkopp süht ut, as wenn em de Katt de Brie opfreten hett.
gritzig, vergretzt – erzürnt

Grienaap, Grienboort, Griener(sch), Grien-in-de-Grütt, Grientööt, Grienviet
Frohnatur, Dauerlächler(in)
De Grienaap röppt ›hurrah‹ un speelt mit 'n Moors Harmonika – so wohl
fühlt er sich.
grienen – verstohlen, schelmisch, verschmitzt, höhnisch, spöttisch lachen
Grientje(r) – schmieriges, verschmitztes Lächeln

Grieper
Amtsdiener, Bettelvogt, Polizeidiener; Schläger
Den Grieper heff ick 'n Handschrift geven, de lickt em de Katt nich af.

Griepersch
Hebamme

Griep-in-Lehm
Töpfer

Gries, Grissel
schmutzige Person (wohl aus dänisch bzw. friesisch: *gris* – Schwein, Ferkel)

Griesboort, Griesmuul
Streitmacher
Dat ole Griesmuul hett woll 'n wild Hoor in de Nees – sucht Streit ohne
erkennbaren Grund.
begriesmulen, griesmulen – hämische, nörgelnde Bemerkungen machen;
Maulaffen feilhalten
griesmulig – streitsüchtig, schlecht gelaunt

Griesgramm
vergrämt ausschauender Mann
De Griesgramm süht ut, as wenn he dree Daag in 'n Etigkruuk kaakt hett.
griesgrammelig – verdrießlich

Grimmelputt
Schmutzfink
Wenn du düssen Grimmelputt an de Wand smittst, blifft he backen.

Grimmenill
häßliche Person [Flensburg] (jütisch *grimmenille* – häßliche Frau)
*Dat segg ick di, de düsse Grimmenill in 't Düüstern haalt, bringt ehr wiss
bi Daag wedder.*

Groffbäcker
Mensch, der sich grob ausdrückt oder grob im Handeln ist [Angeln]
(wörtl.: Grobbäcker = Brotbäcker)
Weg is he, sä de Groffbäcker, dor harr he sien Vadder begraven.

de Grönen (nur Mehrzahl)
Polizisten
Sien grauen Lappen hebbt de Grönen em afnahmen, as he blau weer – er
hat seine Fahrerlaubnis wegen Trunkenheit am Steuer verloren.

**Gröölasmus, Gröölbüdel, Gröölhals, Gröölhans, Gröölmatten, Grööl-
op**
Schreihals, Prahlhans
grölen – laut rufen, mißtönig schreien
grölig – mißtönig
He is 'n olen gröligen Keerl – ein Prahlhans.

Gröönhöker(sch)
Gemüsehändler(in)

Gröönsnavel
junger, unerfahrener Mensch, Grünschnabel
Wannehr büst du Gröönsnavel denn ut Abraham sien Wustsack krapen? –
wann bist du geboren?

**Grootflapp, Grootfreet, Groothans, Grootkeek, Grootmuul, Groot-
prahler, Grootsnuut, Grootspreker**
Großmaul, Prahler
*Ick bün vör 'n Düvel nich bang, sä dat Grootmuul, dor keem de Schosteen-
feger un he leep weg.*

Grootfreet, Grootslöök
Vielfraß
*Dor ward woll seggt vun mien veel Eten, man nich vun mien groot Hunger,
klaagt de Grootfreet.*

Grüttbüdel, Grüttkopp
Dummkopf (wörtl.: Grützbeutel, -kopf)
*Hest al mol 'n solten Hering vun achterto in de Büx grepen, du Grüttbü-
del?*

Gusch un Gnusch
Krethi und Plethi, Mob, alle möglichen Leute
Na dat Gräffnis gah ick nich hen, dor sünd doch bloots Gusch un Gnusch.

H

Haas, Hasenfoot
furchtsamer Mensch, Waschlappen
Laat di nich verblüffen, is dat ölvte Gebot, du Hasenfoot!
hasig – furchtsam, feige; eitel
Habakuk
merkwürdige, rechthaberische Frau, Xanthippe (nach dem gleichnamigen
Propheten aus dem Alten Testament)
Habenix
armseliger Mensch, Habenichts
Ick bün 'n Herr vun Habenix, heff un krieg mien Dage nix.
Hack un Mack, Hack un Pack
Krethi und Plethi, Gelichter, Pöbel
Dat is so 'n Hack un Mack, de hebbt sick söcht un funnen.
Hackenbieter, Hackenpedder
hinterlistiger, gemeiner Mann, der seine Mitmenschen hinter ihrem Rük-
ken schlecht macht oder verspottet; hämische Person, die über Wehrlose
und Schwächere herzieht; Antreiber
Keen vun sien Lüüd litt dat lang bi düssen Hackenbieter – seine Angestell-
ten wechseln häufig.
Hackenkieker
Bedienter; Kriecher, Liebediener
*De is so wat vun smerig, düsse Hackenkieker, an den backt al bald de
Brummers fast.*
Hacker
schlechter Arbeiter, Pfuscher
De Hacker is ook nich för Holt, wat noch klöövt warrn mutt – schwere
Arbeit ist ihm wenig genehm.
Hahn
eitler, eingebildeter, vorlauter Mann; Macho, Mann mit Paschaverhalten;
Mann mit ausgeprägtem Sexualleben
*De → Stackel vun Hahn is rein to beduurn: Daags as 'n Peerd, nachts as
'n → Hingst* – seine beruflichen und seine privaten Pflichten nehmen ihn
stark in Anspruch.

halve Hahn – Angeber, der zwar möchte, aber nicht kann

hahnig – sinnlich veranlagt

Hahnenmelker
Mensch, der Sinnloses tut
De Hahnenmelker kann den ganzen Dag sitten to Wellen tellen.

Häkelbüdel
Frau, die viel häkelt; Klatschweib
Düsse Häkelbüdel snackt di vun Nees un Ohrn.

Hallelujabroder
Frömmler, Scheinheiliger
De Hallelujabroder bitt de Heiligen de Töhn af (wohl weil er ihnen dauernd die Füße küßt)

Halligschaap
sehr dummer Mensch, der noch dümmer ist als ein normales Schaf, da er rein gar nichts von der Welt kennt
Dat Halligschaap is so sellig (dumm), *he meent, dat Huus fallt vun de Trepp.*

Halodrian
Draufgänger, Windbeutel
He smitt sick an de Kant as 'n Goldbutt, düsse Halodrian – macht sich breit.

Halsafsnieder
Betrüger, Blutsauger
De ole Halsafsnieder hett bi mi noch 'n Schinken in Solt – eine Rechnung offen.

Halunk, Halump
Betrüger, unehrlicher Mann
Du hest woll lang keen Backentehn spütt, du Halunk!

'n Halvbackte(n)
unreifer, unvernünftiger, ausgelassener; ungeschlachter, plumper; geistig beschränkter Mensch
Dat is doch 'n Halvbackten, de sien Schick nich tosamen hett – ist nicht bei Trost.

Halvjunkengänger
Nachtschwärmer, Freier, der zu seinem Mädchen geht (föhringisch: *hualewjonken*)

halvklook
geistig minderbemittelt
He is man halvklook un 'n beten gootmödig.

Halvjunkengänger

65

Hamborger Kind
Hure
Wohr di vör 'n witten Ossen, vör 'n swart Schaap un vör 'n Hamborger Kind.

Hamel, Hammel
halsstarriger, verbohrter, schwachköpfiger Mann
Den olen Hammel will ick glieks mol dat veerkantig Lock (die Tür) wiesen.
hammelig, hammelisch – verrückt, närrisch

Hampelmann
zappeliger Mann; Pantoffelheld
Wat steihst du dor, as 'n Hampelmann, de Arms un Been bewegen kann!

Handdook
schmächtiger, kraftloser Mann; Waschlappen
Dat Handdook is doch 'n Keerl as 'n Penn in de Tasch.

Handschen, Handschenmaker
Mensch ohne Rückgrat, Feigling (eigentl.: Handschuh, -macher)
De Handschenmaker hett 'n Hart as 'n Muuskötel.

Handudel
beschränkter Mensch
De Handudel is so dumm as 'n Sommerfarken.

Handvull
unwichtiger oder kleiner Knirps
So is dat, du Handvull: de een de löppt de Hacken scheef un de anner kann de Büx nich holen.

Handwarksburs(ch)
Landstreicher (eigentl.: Handwerksbursche, Wandergeselle)

Hangelbangel
verantwortungsloser, unzuverlässiger Mann
De Hangelbangel is al wedder na Hamborg un lett sick de Hoor snieden – um sich zu amüsieren.

Hangelbangeltüüg
nichtsnutziges Volk
Mit so 'n Hangelbangeltüüg maakt wi hier nich veel Helphool: De sitt in 't Schapp, so gau köönt de gor nich kieken – kommen ohne viel Aufhebens ins Gefängnis.

Hanne-gnegel-Putt
fortwährend unzufriedener Mensch
De leve Hanne-gnegel-Putt, hett allens, wat he will, un wat he hett, dat will he nich, un wat he will, dat hett he nich, de leve Hanne-gnegel-Putt hett allens, wat he will.

Hannemann, Hannermann
Däne
Hannemann, gah du vöran, du hest de gröttsten Steveln an!

Hannerling
in der Entwicklung zurückgebliebener Mensch [Nordfriesland] (aus friesisch: *hannerling*)
De Hannerling hett een an de Luuk – ist nicht richtig im Kopf.

Hans-Allerlei-un-Lieschen-Allerleisch, Hans-Allmacht-un-de-Peföfteihn, Hans-Rapp-un-sien-Maat, Hans-un-alle-Mann, Hans-un-Franz
gemeines, schlechtes Volk, Hinz und Kunz
Bi Hans-Rapp-un-sien-Maat is dat 'n ruge Huusholen – da geht es bunt her.

Hans-Blaffert
unausstehlicher Mann, der gleich lospoltert
Düsse Hans-Blaffert mutt mol den Wind vun vörn kriegen – jemand muß ihm Paroli bieten.

Hans-Blangengahn
untreuer Ehemann (*blangen* – neben)
He is ook so 'n Hans-Blangengahn: sien meisten Kinner kiekt em dör anner Lüüd ehr Finsterruten an – seine außerhäusliche Nachkommenschaft ist zahlreich.

Hans-bliev-to-Huus
Stubenhocker
Du schasst mitföhren op Hans-bliev-to-Huus sien Wagen – zuhause bleiben.

Hans-Brasch
Großsprecher, Prahler
Nu kumm ick, sä de Hans-Brasch, dor full he ut de Luuk.
braschen – überlaut sprechen; angeben
braschig – laut, angeberisch

Hans-Damp, Hans-in-alle-Straten, Hans-Unruh, Hans-vör-alle-Dören, Hans-vun-alle-Högen, Hans-Wüpp(steert)
unruhiger Geist, überall und nirgends zu finden
Hans-in-alle-Straten kann dat Schrien nich laten.

Hans-Dumendick
Däumling, schmächtiger Mann
Den Hans-Dumendick sitt de Plünnen um 't Liev, as weern se mit Schüffeln doropslaan.

Hans-Dumm, Hans-Dummboort, Hans-Dummert, Hans-Eenfold, Hans-Hinnerk, Hans-Michel, Hans-Narr, Hans-Peter, Hans-Quast, Hans-Taps(en), Hans-Wust

Einfaltspinsel

Hans-Wust vun 't Steendoor hett den Hoot op een Ohr.

Hans-Dünk

eingebildeter, dünkelhafter Mann; Däumling

Bi den rappsnutigen Hans-Dünk warr ick mol naböten – dem eingebildeten Großmaul werde ich einheizen.

Hans-fall-in-de-Brie

Tolpatsch

Düsse Hans-fall-in-de-Brie kümmt ook nich üm 'n Dann (Tanne) – schafft es nicht, Hindernissen auszuweichen und ist daher für keine sinnvolle Tätigkeit zu brauchen.

Hans-Fuulwust

fauler Mann

Dor is ook rein gor nix mehr an 'n Dag, sä Hans-Fuulwust, wenn man meent, dat is Abend, denn is 't eerst Middag.

Hans-Goornstohl

Müßiggänger, der lieber im Gartenstuhl ruht als arbeitet

Morgen will ick Klock ölven opstahn, seggt Hans-Goornstohl, dat mag Dag sien oder nich.

Hans-Harlekin, Hans-Kasper, Hans-Unklook

unkluger, alberner Mann

Dat weer fehlt, sä Hans-Unklook, dor harr he de Zeeg den Boort afsnieden wullt un harr ehr 'n Hals afsneden.

Hans-Hasenfoot

mutloser, übervorsichtiger Mann

Du Hans-Hasenfoot büst mi villicht 'n Held in 't Grüttfatt!

Hans-Hebberecht

rechthaberischer, unverträglicher Mann

De Hans-Hebberecht mutt jümmers dat letzte Woort hebben.

Hans-help-mi-man

Mann, dessen Hilfe oder Gesellschaft man nur in Anspruch nimmt, wenn niemand anderes da ist, Notnagel

Wenn 't gor nich anners geiht, kannst düssen Hans-help-mi-man noch as Topleger bruken – als Handlanger auf dem Bau.

Hans-Klabatsch

Grobian, der gleich zuschlägt (aus: *Karbatsche* – dicke Riemenpeitsche)

Den Hans-Klabatsch hett woll lang dat Muul nich mehr blött.

Hans-Klapperbeen
dürrer Mann; der Tod
Den Hans-Klapperbeen kannst dat Evangeln dörch de Backen blasen.

Hans-kratz, Hans-verwohr-mi-dat
Pfandleiher

Hans-lerdig-Fick
Habenichts (wörtl.: Hans-leere-Tasche)
Laat dat doch 'n Koh kosten, wi hebbt jo keen, seggt Hans-lerdig-Fick.

Hans-Loi
die personifizierte Faulheit
Hans Loi hett dat Fuulfewer – ist faul (ursprüngl. wohl: Influenza)

Hans-Lügg
Lügner; Windbeutel
De geiht as 'n Baron, düsse Hans-Lügg – hochmütig.

Hans-Nachtigall
(nacht)aktiver Mann
Düsse Hans-Nachtigall geiht ook bloots denn bi de Arbeit bi, wenn de Mekkelnborger Sünn schient – wenn der Mond aufgegangen ist.

Hans-Oors, Hans-Oorslock
gemeiner Kerl; verächtlicher Mann, Hanswurst; ungeschickter Arbeiter; Großsprecher, Prahler; Hamburger (verdreht aus Hanseat)
Wat de Hans-Oors di vertellt, dat mutt 'n glieks mit 'n Sacksband an 'n Böhn fastnageln.

Hans-röhr-um
Anstifter, Aufrührer

Hans-Schraffel, Hans-Schrökelbeen
verwachsener Mann
Düsse Hans-Schraffel löppt as de Bull pisst – in Schlangenlinien.

Hans-sühst-mi-woll
aufgeputzter Affe, eitler Geck
Düsse Hans-sühst-mi-woll hett sick mol wedder utstaffert: so bunt as Pilatus sien Ünnerrock.

Hans-Tunt
ungeschickter Mann
Düsse Hans-Tunt fallt ook noch mol dör de Brill – wird auf der Toilette verunglücken.

Hans-vun-een-Lier, Hans-vun-een-Wies
Mann, der immer nur dasselbe vorzubringen weiß (wörtl.: von einer Leier, Weise)

Hans-wedderlich
Mann, der es jedem zuwider machen muß, niederträchtiger, widerlicher
Kerl [Pellworm]
Den Hans-Wedderlich will ick woll in de Strümp helpen!

Hartdriever
Draufgänger; Antreiber
De Hartdriever is nich to tieren, de geiht dör de Grüttwust – durch nichts
aufzuhalten.

Hasenköster
Mensch, der leichtfertige Reden führt
*Wenn de Hasenköster dat Snacken anfangt, denn geiht dat as Tapp ut de
Tunn* – wie ein Wasserfall.

Haublock
ungeschickter, unbeholfener Kerl, grober, gefühlloser Mensch (eigentl.:
Klotz zum Holzspalten)
*De Keerl is richtig so 'n Haublock, wat he mit de Hannen opstellt, stött he
mit 'n Moors wedder üm.*

Hauer
Schläger, agressiver Mann
Nich lang snacken, glieks een knacken, seggt de Hauer.

Hauptkeerl, Hauptmackerdor, Hauptmacker, Hauptmakador, Hauptmaker, Hauptmann, Hauptwoort
Anführer, Anstifter, Rädelsführer, auch spöttisch
Du büst 'n Hauptkeerl an de Grütt, wenn 't Füür ut is.

Hau-um-un-perr-daal
stümperhafter, flüchtiger Arbeiter (wörtl.: Stoß-um-und-tritt-nieder)
*Wat düsse Hau-um-un-perr-daal maakt hett, dat kannst man in Botter
umkehren un in 'n Mist vergraven.*

Havenbuttjer, Havenlööw
Gelegenheitsarbeiter am Hafen; Hafenbummler
De Havenbuttjer sweet, dat em de Steert na achtern steiht.

Havenploog
Gruppe von Gelegenheitsarbeitern am Hafen

Hebberecht(sch)
rechthaberischer, unverträglicher Mensch
*Ja, wenn dat ›wenn‹ un ›aver‹ nich weer, du Hebberecht, denn kunn man
Hamborg in de Buddel steken.*
hebberechtsch – selbstgerecht, zänkisch

Hechtkötel
rechthaberischer Mensch, der sich überall einmischt und meint, alles besser zu wissen
hechtköteln – rechthaberisch sein
He hett so veel to hechtköteln – auszusetzen, zu nörgeln

Heckbroder
Schürzenjäger [Flensburg] (*hecken* – sich begatten, eigentl. nur bei Vögeln)
De Heckbroder hett mehr Möög op Schörten as op Arbeit – vertreibt sich die Zeit lieber mit Frauen als mit Arbeit.

Heek
langer, schlanker Mann (eigentl.: Hecht)
De Heek is so dünn as 'n holten Brett.

Heek(s)kopp
gieriger Mensch
De Heekskopp hett 'n Muul an 't Liev, de kann Spargel dweer freten.

Heesbees
Mensch, der geschäftig scheint, aber nicht viel bewirkt
Düsse Heesbees kleit hier un kleit dor un kriggt doch nix bewickelt.
heesbesen – unruhig hin und her laufen, sich unnötig abhetzen
Heesbeserie – Übereiligkeit, Hast
heesbesig, heespesig – unruhig, aufgeregt, vor Schrecken außer Fassung

Hehn
abwertend für Mädchen (wörtl.: Henne)
De ole, gele Hehn weet vun Tuten un Blasen nix af.

Heid, Heide, Heidenbeest, Heidendeert, Heidenminsch
Nichtchrist; brutaler Mensch, Person, die in den Tag hinein lebt
Kumm mi nich wedder ünner de Ogen, du Heidenbeest, anners kriggst wat lang de Kabbenaden! (›Prügel‹, von: Karbonade = Rippenstück)

Heidehopper
Siedler auf der Heide, Kolonist

Heidenpack, Heidenvolk
Pack, Mob
Halv duun is ruutsmeten Geld, seggt dat Heidenvolk.

Heiduck
Halunke, Lump (ungar.: *hajdu* – Fußsoldat)
De Heiduck is frech as Schipperschiet.
Heiduckenkraam – Unfug

Heiduckenvolk
Pack, Gesindel
*Dat Heiduckenvolk hett dor huust, dor steiht keen Prick un keen Pahl
mehr* – sie haben keinen Stein auf dem anderen gelassen.

Hein-Büx-to-lütt
korpulenter Mann
Dat is ook so 'n Hein-Büx-to-lütt mit 'n Bottermoors – breitem Gesäß.

Hein-Dowi
harmloser Tropf
*Mudder, sä Hein-Dowi, hett Anbrennelsch ook Been? Sünst heff ick 'n
Pogg opfreten.*

Hein-duuk-di
unwichtiger, feiger Mann (der im Zweifelsfall lieber den Kopf einzieht)
De Hein-duuk-di hett 'n Hasenfell vör 'n Moors – ist feige.

Hein-Fienbroot
eitler, eingebildeter Mann
Düsse ole Hein-Fienbroot maakt sick as 'n röömsche Negen – plustert sich
auf (wörtl.: wie eine römische Neun)

Hein-Gummi
Anrede für Menschen, dessen Namen man nicht weiß; Reifenhändler

Heini, Hein-Mück, Hein-Tüüt
sonderbarer, unbedeutender, zurückgebliebener Mann
Nimm dien Ogen in de Hand un kiek dör de Löcker, du Heini!

Heini-kann-allens
Tausendsassa
*Dat is ook so 'n Heini-kann-allens, de mit Hamer un Knieptang 'n Auto re-
pareert.*

Hein-Schüürpahl
verwachsener Mann

Heiopei
alberner oder unzuverlässiger Mensch
*Wenn de letzte mit de lange Nees doot is, köönt de plattdeckeligen Sargen
wedder in de Mood kamen, du Heiopei!*

Hekeltähn
böses Klatschweib
De Hekeltähn is goot to Foot mit de Tung.
hekeln – über jemanden (in seiner Abwesenheit) herziehen

Held
Kerl; oft im negativen Sinne gebraucht: ängstlicher Mann
Du büst mi 'n Held in de Bottermelk, wenn de Klüten dor ruut sünd.

Hellbessen, Hellbrenner, Helldüvel, Hellhaak
zanksüchtige Frau, Hausdrache, Xanthippe (wörtl.: Höllen-)
De Hellbessen is 'n Engel op de Straat un 'n Düvel in de Kaat.
hell(i)sch – höllisch, als Steigerungswort: sehr, überaus
'n hellschen Keerl – Teufelskerl

Hemd
dünner, kraftloser Mann
För dat Hemd gellt ook: guden Buck ward selten fett – wegen starker sexueller Aktivität.

Hering, Heringshingst, Heringssteert
magerer Mann
Bi den Hering is de Huut op de Knaken fastdröögt – Muskeln treten bei ihm nicht hervor.

Hess
unbedarfter Mann, Narr (eigentl.: Hesse)
Du blinne Hess, sett di man nich mit de Moors in de Netteln.

Heuoss
hagerer, knochiger Mann (eigentl.: Ochse, der nur mit Heu gefüttert wird)
An den Heuoss kann sick keen Luus dickfreten.

Hewel, Hewelkind, Hewelmatz, Hewelsüster, Heweltasch
zimperliche Person
Pedd di man nich op 'n Slips, du Hewelmatz!
Hewelie – unnütze Beschäftigung, albernes Herumspielen
heweln – herumalbern, tändeln, verhätscheln, verziehen

Hex
häßliche, unordentliche, (alte) Frau
Ool Mudder Hex mit 'n Bessensteel, haut de Kinner allto veel, allto veel is ungesund, büst 'n groten Swienehund – Lied.

Hibbel, Hibbeler(sche), Hibbelmoors
Person, die geschäftig hin und her läuft, ohne etwas auszurichten
Düsse Hibbelmoors is ook een vun Ielendörp – hat es immer eilig.
hibbelig – unruhig, hastig in den Bewegungen
hibbeln – ziellos hin und her laufen

Hiddelbüx, Hiddelfiddel, Hiddelkapitel, Hiddeltasch
aufgeregter, nervöser Mensch (*Hiddel* – Ungeduld, Unruhe)
De kann Hannen un Fööt nich ruhig holen, düsse Hiddelbüx.
hiddelig, hiddelbiddelig – hitzig, ungeduldig, aufgeregt, unruhig
Hiddeligkeit – Überstürzung, Hast, Aufregung

Hilgenkieker
lang aufgeschossener Mensch (*Hill* – Dachboden)
Den Hilgenkieker hett sien Mudder woll Guano (Dünger) *ünner de Fööt leggt.*

Himmelhund, Höllenhund
allgemein abfällig für einen Mann mit schlechtem Charakter
Gah na 'n Maand un haal grönen Kees, denn bruukst keen Lantern, du Himmelhund!

Himmelskomiker
Pastor

Hingst
sexuell sehr aktiver Mann
'n dune Fru is 'n Engel in 't Bett, seggt de Hingst – macht sich Frauen mit Alkohol gefügig.
hingstig – sinnlich veranlagt

Hinkebeen, Hinkebink, Hinkelbeen, Hinkelbink, Hinkeldei, Hinkeldepinkel, Hinkeldischinkel, Hinkelpoot, Hinkelputt, Hinkepink(e), Hinkepoot, Hinkfoot, Hink-op-de-Hack, Hinkpoot
lahmender, verwachsener Mensch
De Hinkepoot löppt so scheef op sien Knaken.

Hinnerk
Kerl; Nichtsnutz; allgemein abfällig (eigentl.: Heinrich)
bookweten Hinnerk – sehr schweigsamer, stupider Charakter
De bookweten Hinnerk is dumm as Grütt.
dowen Hinnerk – ausgemachter Schwachkopf
Nu bün ick ut de Welt, sä de dowe Hinnerk, dor seet he in 'n Backaben.
iese(r)n Hinnerk – starker, mutiger Mensch; gesunder, kräftiger Mensch mit eiserner Natur
holten Hinnerk – hölzerner, unbeholfener, täppischer Mann; magerer Mann
knökern Hinnerk, magern Hinnerk – hagerer Mann
verfrornen Hinnerk – leicht frierender Mann

Hintepetinte
zimperlicher Mensch
He is so 'n Hintepetinte, faat allens mit Glassee-Handschen an.

Hirk, Hirktant
albernes Geschöpf [Wilstermarsch]
Du büst mi recht so 'n ole Hirktant, rennst rüm as 'n anbrennt Swien!
rümhirken – herumalbern

Hisser
Antreiber (*hissen* – hetzen, treiben)

Hitschenplitsch
Mensch, der viel Staub aufwirbelt und nichts erreicht
Weerst du vör dien Grootvadder kamen, harrst dien Grootmudder heiraden kunnt, du Hitschenplitsch.

Hittkopp, Hitzkopp
Hitzkopf, Choleriker
Düsse Hittkopp hett jümmers glieks Schuum op 't Bloot.

Hobeloffizier
Tischler (Rotwelsch)

Höcken, Hücken
verzärteltes, unartiges Kind, Nesthäkchen, Nesthocker
Dat Höcken hangt immer an Mudders Schörtenband.
höckig – verzogen

Hoddel
unruhiger Mensch
Düsse Hoddel hett woll Quecksülver in 'n Steert – findet keine Ruhe.
hoddelig – nervös, zappelig

Höhner (nur Mehrzahl)
allgemein abfällig für Frauen, besonders für Prostituierte und Politessen

Höhnerdeev
arbeitsscheuer, verachtenswerter Mann
Du verdammte, pucklichte Höhnerdeev, du hest woll Buukpien in 'n groten Töhn! – bist ein Simulant.

Höhnermoors
aufdringlicher Mann, allgemein abwertend
Op 'n wiet Muul höört 'n breden Slag, du ole Höhnermoors!

Höker
Kleinhändler, Krämer
hökern – Kleinhandel treiben; sparsam mit einer Sache umgehen
Hökerie – Kleinhandel
De Hökerie schall opholen, sä Klaas Ellerbrook, dor haal he sien Fru 'n ganz Viddelpund Speck op eenmol.

holl
hohl, falsch, unaufrichtig
'n richtig hollen Hund – falscher, unaufrichtiger Mann
holl as 'n dowe Nööt – ein Hohlkopf, Flachkopf
holl bet an de Hacken – habgierig
holl in de Rüch – stolz, hochmütig

Hollänner

Habgieriger; Verschwender, Schwelger
He geiht dör as 'n Hollänner, he sorgt al dorför, dat keen Schimmel op 't Broot kümmt.

Höllenbessen

streitsüchtige Frau
De Höllenbessen spiggt Füür un schitt Funken – ist außer sich.

Höllenbessen

Holsteener

grober Mann (aus der Sicht der Bewohner Angelns)
De Holsteener, de hett sien Schoolgeld in Plummen opeten.

Holtkopp, Holtschoh

Schwachkopf
De Holtkopp is so dumm as dat Achterviddel vun 'n Schaap.

Holtworm

Tischler, Zimmerer, Stellmacher
Ick mutt Hölp hebben, sä de Holtworm, Jung, haal mi een in 'n Buddel!

Honnigmoors, Honnigslicker

Leckermaul
Pass man op, du Honnigslicker, dat di vun all de Leckerkraam nich de Moors dichtbackt.

Hoochdraver, Hoochsnuut

hochmütiger Mensch, Aufspieler, Großmaul
Pass man bloots op, du Hoochsnuut, du büst ook bloots 'n Nees mit 'n Geripp an – hast keinen Grund, dich über andere zu erheben.

'n Hoochstudeerten

überspannter, überkandidelter Mensch
He is 'n Hoochstudeerten, he hett mit 'n Moors ut de Böhnluuk keken.

Hoor

Hure; liederliche Frau; weibischer Mann
Op Allmannsweg wasst keen Gras, dat mark di, du ole Hoor – Huren werden keine Mütter.
horen, huren – huren
De nich waagt, de nich winnt, un de nich hoort, de kriggt keen Kind.
Horenhuus, Horenkasten, Horenlock – Bordell

Hoorbuck, Huurbuck

Schürzenjäger; Freier

De ool Hoorbuck ward nich klook, dorbi hett he sick al dreemol den Steert verbrennt – eine Geschlechtskrankheit geholt.

Horeree, Horerie, Horenkraam – Hurerei

Hoorbüdel
Trinker (auch: durch Alkohol vernebelter Kopf; Hodensack)
De Hoorbüdel is jümmers heididel – halb im Tran.

Hoorklöver
Haarspalter, der auf die geringste Kleinigkeit sieht; Frisör (*klöven* – Holz spalten)
Quääl di man nich um 'n Hevenfall, du verdreihte Hoorklöver! – Sterne sollten dir schnuppe sein.

Hoppesbegünnt
alberner Mensch [Angeln]

Hoppheister
Luftikus, Unsinnmacher
Pass man op, du Hoppheister, du kümmst ook noch mol blind vun de Welt un doot in 't Holt – Sarg.

'n Horige(n)
Mensch mit Haaren auf den Zähnen; zanksüchtiger, bösartiger Mensch
Dat is 'n Horigen, mit den is nich goot Arfen eten.

Hornoss
allgemein abfällig für einen Mann
So 'n grote Hornoss is mi all mien Daag noch nich bemött.

Hottlepott, Huttleputt
Mann, der (wegen geistiger oder körperlicher Schwäche) geringe Arbeiten verrichtet und anderen zur Hand geht [Schwansen]

Hummel
fahriges, liederliches Mädchen; Betriebsnudel
De wilde Hummel denkt ook jümmers bloots an 't rumhingsten – ist mannstoll.

Humpstock un Pumpstock
gemeine, schlechte Gesellschaft
Düsse Humpstock un Pumpstock döögt doch in de Wust nix – rein gar nichts.

Hund, Hundsfott
allgemein abfällig für einen Mann
He is 'n Hund vun Peerd – ein gemeiner Kerl
'n bunten Hund – leichtsinniger Mensch
Wenn de ole Hundsfott nich bald sien → Scherensliepersnuut höllt, kriggt he een an de Backelei – an den Kopf.

Hungerslund
Hungerleider, dürrer Mann
Legg di op 'n Rüch un laat di vun de Sünn in 't Muul schienen, du Hunger-slund, denn hest wat Warmes in 't Liev!

Hunnentüüg, Hunnenvolk
Gesindel, Brut
Dat Hunnentüüg fraagt nix na Vadder un Mudder – nehmen keine Rück-sicht.

Hupen
allgemein abfällig (wörtl.: Haufen)
'n swacken Hupen – schwacher, kränklicher Mann
Dat is man bloots noch 'n swacken Hupen, duurt nich mehr lang, denn deit em keen Tähn mehr weh – ist er tot.
'n fulen Hupen – Lump

Hüpp-an-de-Klink
kleinwüchsiger Mensch; kleines Kind
Düsse Hüpp-an-de-Klink bruukt 'n Ledder, wenn he Eerdbeern plücken will.

Hüpp-op-'e-Bull
lebhafter, lustiger, leichtlebiger Mensch [Eiderstedt]
Wo düsse Hüpp-op-'e-Bull opduukt, is immer glieks groot Halloh – Leben in der Bude.

Hüscherkalv
alberner, verzogener Mensch [Ostholstein] (*hüschen* – schaukeln, hätscheln)

Huschnusch, Husch-un-Gnusch, Husch-un-Nusch, Husch-un-Snusch
gemischte Gesellschaft, Krethi und Plethi (*Gnusch* – Knorpel)

Husoor
Draufgänger, Wildfang (wörtl.: Husar)
De Deern is so 'n Husoor, de wöhlt allens um un dumm – das unterste zuoberst.
Husoor spelen – verrücktspielen, toben

Hütentüüt
Arzt
Dr. Hütentüüt, de de Lüüd de Piss besüht.

Huucheltasch, Huucheltrien
Mädchen, das fortgesetzt albern lacht und kichert
De Huucheltasch singt as 'n Nachtigall un springt as 'n Gummiball.
huuchelig – albern, dümmlich
huucheln – kichern, unterdrückt lachen

Huulmichel, Huulputt
weinerlicher Mensch
Wat du utweenst, bruukst nich utpissen, du Huulmichel.

Hüün-un-Perdüün
Pack, Jedermann
So is dat mit dat Hüün-un-Perdüün, as de een heet, so süht de anner ut.

Huusdüvel
Ehefrau, Hausdrachen, Kratzbürste
Sien Huusdüvel harr al wedder de Ogen verdreiht in 'n Kopp – sie war
wutentbrannt.

Huusmaker
Handwerker mit mehrfacher Qualifikation, etwa als Maurer und Zimmer-
mann
*Hier heff ick 't Geld verdeent un hier will ick 't betahlt hebben, sä de
Huusmaker un heel mit sien Rüch de Muur bi, dat se nich umfull.*

I

Idi, Idiot
großer Dummkopf
Gah hen un melk de Höhner un steek den Hahn Heu op, du Idi!
verhüllend: **Igel**

Iesboor, Iestappen
grober, ungehobelter, gefühlloser Mensch (eigentl.: Eisbär, Eiszapfen)
Wenn ick düssen Iestappen man seh, löppt mi dat al koolt den Rüch daal.

Iesche, Ische
abfällig für eine Frau (Koseform von Luise)
*Dat is ook so 'n Iesche, de immer dorbi sien mutt, wenn de Katt den Steert
hoochböört* – wenn irgendwo etwas los ist.

Iesenschooster
Schmied (eigentl.: Eisenschuster)
Dat sitt, sä de Iesenschooster, dor smeedt he sien Fru op de Klobrill.

Ietjer
Landstreicher, Bettler
*Fröher hett he ook wat hatt, man denn hett de Ietjer sick Huus un Hoff dör
'n Hals jaagt* – in Alkohol umgesetzt.

Iewerkopp
leicht gereizter, mürrischer, verdrießlicher Mensch
Bi den Iewerkopp sleit dat Füür jümmers gliek to 't Dack ruut – er ist leicht entflammbar.

Ilk
unaufrichtiger, falscher, streitsüchtiger Mensch (eigentl.: Iltis)
De ole Ilk hett al all sien Navers bi de Polizei anscheten – angeschwärzt, denunziert.
ilkig – schlau, hinterlistig

J

Jaapsnavel
neugieriger Gaffer
De Jaapsnavel kickt ut de Wäsch, as wenn he Flegen snappen will – hält Maulaffen feil.
jaapsnaveln – mit offenem Mund gaffen
Ja-Broder, Ja-Mann, Ja-Segger, Ja-Süster
gefügiger Mensch, der zu allem ja sagt
Mit düssen Ja-Broder kannst du umspringen as de Katt mit de Muus.
Jachterkopp
Mensch, der es stets eilig hat
Jachterie – tolles Umherjagen
jachtern – wild umherspringen, ausgelassen toben
Jack-un-Büx
kurzgewachsener Mann
Kort un krall sünd de → Kröten all, du Jack-un-Büx!
Jackelmoors
ruheloser, zappeliger Mensch
Düsse Jackelmoors kriggt jeden Stohl twei un wenn he ut Iesen is un man een Been hett.
Jalp
albernes, ausgelassenes Mädchen, verzogenes Gör
Gah hen un schüür Bütt, du Jalp!
jalpen, jarpen, jarwern – sich albern benehmen
jalberhaftig, jalfsch, jalpsch, jarpig, jarwerig – ausgelassen, zu Possen geneigt

Jammerkratsch, Jammerlappen
jämmerlicher Mensch; Feigling; Hypochonder
De Jammerlappen hett sick mol wedder 'n Proppen in de Hack pedd – spielt krank.

Jan-Allerlei
Allerweltskerl, Mann, der allerlei Witziges an den Tag gibt [Dithmarschen]
Dat is ook man so 'n Jan-Allerlei: vun nix 'n Ahnung, aver dorvun recht veel.

Jan-Blaufink
Betrunkener
De Jan-Blaufink hett mol wedder Glasogen.

Jan-Blaufink

Jan-Brass
Aufschneider
De Jan-Brass maakt so veel Wind, dor kannst bet na Helgoland mit seilen.

Jan-Dörchnatt
Taps (eigentl.: einer, der die Hose naßgemacht hat)

Jan-Dumm
Einfaltspinsel
Kumm man ruut, Jan-Dumm, ick will di den Moors affielen!
– scherzhafte Drohung.

Jan-Brass

Jan-Gatt
dummer Kerl (*Gatt* – After, Hintern)
He is keen vun de ganz Dummen, düsse Jan-Gatt, aver vun den Slag, de denn kümmt.

Jan-Giez
Geizhals
Düsse Jan-Giez hett so veel Geld, dor kann man sick de Been in afbreken.

Jan-Gootbloot
leichtgläubiger, allzu gutmütiger Mann
Dor hest 't, sä Jan-Gootbloot, dor geev he de Schüün.

Jan-Hagel-un-sien-Maat, Jan-Hagel-un-sien-Ploog, Jan-Kachel-un-sien-Maat, Jan-Rapp-un-sien-Maat, Jan-un-Allemann, Johann-Rapp-un-sien-Maat, Johann-un-Allemann
Pöbel, Gesindel

Jan-Humpelbeen, Jan-Karjuckel
gehbehinderter, verwachsener Mensch
De Jan-Humpelbeen löppt mit beide Fööt in een Spoor.

Jan-Kachel-ut-Egenbüttler-Holt
Mann, der sich durch sein Reden oder Handeln lächerlich macht
Kachel — Gelächter, helles Geschrei
kacheln — laut und albern lachen

Jan-Klook, Jan-Plietsch
Schlauberger
Düsse Jan-Klook hett ook söven Johr reist in een Winter.

Jan-Maat
Matrose

Jappelmoors, Japper, Jappoors, Japp-op, Jappschöttel, Jappsnuut
Gaffer, Maulaffe
Maak dat Muul dicht, du Jappsnuut, anners suust di dor de Brummers rin!
jappeln — in weinerlichem Ton reden, quengeln
jappig, jappsch — schläfrig, zum Gähnen geneigt

Jasch
unsaubere, ungepflegte Person
För 't Waschen is se böös bang, de Jasch, dat slitt so dull vun de Huut.
jaschen — unordentlich, flüchtig arbeiten
jaschig — schlampig, fahrig

Jauk
Mensch, der ohne besonderen Grund viel lacht
De Jauk freit sick mol wedder 'n Klacks in 't Hemd.

Jauk-Lock
weinerlicher Mensch
Bepiss di man nich, du Jauk-Lock!
jauken, jaukern — jammern, wehklagen, winseln
jaukig, jauksch — weinerlich

Jaulkopp, Jaulmütz, Jaultasch
zum Jammern neigender Mensch, Nörgler, Zänker
Wat de Minsch hebben mutt, dat mutt he hebben, du Jaulkopp, un wenn 't
'n Jack vull Prügels is.
jaulen, jaueln — jammern, wimmern, heulen
jaulig — weinerlich; verdrießlich

Jette
einfaches, derbes Mädchen
Wat hett di de Jette bloots vör Pahlen ünner ehr Schiethuus?! — für
ansehnliche Beine.

Jiddel, Jiddelmoors, Jiddelputt
einer, der nicht stillsitzen kann
Düsse Jiddelmoors maakt mi ganz tummelum – bringt einen durcheinander.
jiddelig, jitterig – von unruhigem Wesen
jiddeln – unruhig hin und her laufen

Jiffel, Jiffer, Jiffert
streitsüchtiger Mensch; kleiner Mann (eigentl.: kleiner kläffender Hund)
Wenn de Hund schitt, kann he nich bellen, du Jiffel – halt's Maul!

Jinkel
kleiner, unbedeutender Mann
Fallt so 'n Jinkel ut de Luuk, blifft he in 'n Spinnwebb behangen.

Jitt, Jittkalv
albernes, verhätscheltes, unartiges Kind oder auch Erwachsener
jittig, jittisch, jittsch – albern (wie ein Kalb), verzogen

Job
bemitleidenswerter Mann (eigentl.: Hiob)
Kannst bi mi in 'n Moors wahnen, bruukst keen Hüür (Miete) *betahlen, du dumme Job!*

Jochen, Juchen
Dummkopf (aus Joachim)
He is recht so 'n Jochen: in Ahnebykek to School gahn un in Sörupholt kumfermeert (dort ist keine Schule und hier keine Kirche).

Johann-kehr-di-an-nix
Draufgänger

Johannsbeernbusch
reisender Handwerksbursche
De Arbeit is för de Dummen un de Klock för de Handwerker, seggt de Johannsbeernbusch.

Johann-Stipp, Johann-Stipp-in't-Fett
magerer Mann
Düsse Johann-Stipp bedrüggt noch mol de Worms – die Würmer werden im Grab an ihm keine rechte Freude haben.

Jökelklaas
Schießbudenfigur; verwachsener Mann
jökelig – zu Spaß aufgelegt
Jökelkraam – alberner Spaß

Jule
dummes Mädchen
Düsse Jule hett ook man mit Ach un Krach dat Holtschengymnasium schafft – die Dorfschule absolviert.

Jumfer Zipp
affektiertes Mädchen
De Jumfer Zipp deit, as ick weet nich wat, un dorbi hett se 'n Gesicht to 'n in de Arfen stellen – sie könnte als Vogelscheuche tätig werden.

Jungsgedriev, Jungsgelagg, Jungstüüg, Jungsvolk
Rasselbande
Wenn du dat Jungsvolk nich mehr höörst, denn hebbt se wat utfreten – etwas angestellt.

K

Kaakhoor
liederliche Frau; Prostituierte (ursprüngl.: schlechteste Sorte der Huren, weil sie eigentlich an den *Kaak* – Pranger gehört)
Ick bün wat egen, sä de Kaakhoor to 'n Amtsrichter, ick stah sünndags nich geern an 'n Schandpahl.

Kabelaap
Elektroinstallateur; Funker

Kacker, Kackstevel
nichtsnutziger Mann; allgemein stark abfällig
De Kackstevel hett 'n Gesicht as 'n Teller Brootsupp, passt ümmer noch 'n Slag rin.
kacken – milder als das gröbere *schieten*
Kacken un Sorgen kümmt alle Morgen.
över de Tung kacken – sich übergeben
Kackstänner – Beine

Kackerlack, Kackerlatsch
Widerling (eigentl.: Kakerlake)
De ole Kackerlack ballert jümmers glieks loos, wenn em wat verdwars kummt.

Kadett
Tunichtgut (eigentl.: Schüler einer Offiziersanwärterschule)

Kaffdüvel
Schmutzfink; Mann, der beim Dreschen die Spreu – *Kaff* – in Reisigkörben wegträgt und durch den Staub schwarz aussieht
Düsse Kaffdüvel is vun de Religion Dreckschwalbe.

Kaffebütt, Kaffesüster, Kaffeteuter
leidenschaftlicher Kaffeetrinker

Kaffedrinker, Kaffekann
unwichtiger, merkwürdiger Mensch
Dat gifft allerhand Kaffedrinker op Gotts Erdboden.

Kaffekiekersch
Wahrsagerin (aus dem Bodensatz des Kaffees)

Kaffer
Dorfbewohner (Rotwelsch: *Kaff* – Dorf)

Kaffschriever
junger Mann, der die Landwirtschaft lernt (*Kaff* – Spreu, ausgedroschene leere Hülsen des Korns)

Kahlkopp
Glatzkopf, Kahlkopf
Ick heff ümmer Glück, sä de Kahlkopp, dor funn he 'n Kamm.

Kakelmoors, Kakeltasch
Frohnatur, besonders Mädchen, das viel und ohne Grund lacht; Schwätzer(in)
De Kakelmoors freit sick as de Bull op 'n Melkwagen.
Gekakel, Kakelie – Geschwätz
Kakel-ei – Windei; leeres Geschwätz
kakeln – gackern, töricht daherreden

Kalfakter, Klafakter
herrischer, rechthaberischer Mann; Aufseher, Kalfaktor
kalfaktern – mit großem Wortschwall seine Meinung durchzusetzen suchen

Kaluunschooster
Flickschuster [Angeln]

Kaluunslucker
Mensch, der alles in sich hineinfrißt (wörtl.: Kaldaunenschlucker)
De Kaluunslucker is so hartfreetsch, de kann ook rustige Krampen un Finsterglas verknusen.

Kalv, Kalvskopp
albernes Kind, kindischer Erwachsener
kalvern, rumkalvern – sich albern, läppisch benehmen

kalvmelken – unnützes Gerede machen
kalvsch, kalverig – ausgelassen, verzogen, kindisch
Kameel
Kamel, dummer Mensch
auch in der Verdrehung: *Hool dien Meel, du Kamuul!*
Kanaal
Bande, Rotte
Wenn du mit de Kanaal Korten speelst, musst du mehr Ogen hebben as Moorslöcker – genau aufpassen.
Kanaalkruper
Tiefbauarbeiter (wörtl.: Kanalkriecher)
Kanallje
schlechter Kerl; Gesindel (aus französisch *canaille* – Pack)
De Kanallje döggt doch in sien Fell nix – ist ein grundschlechter Mensch.
Kanditer
Draufgänger, der immer zu Späßen aufgelegt ist; Konditor
Laat di man keen Uul in de Nack flegen, du Kanditer!
Kanink, Kaninkenbuck, Karnickel, Karnickelbuck
Mann, den man nicht ernst nimmt; Mann mit hoher sexueller Aktivität
De ole Karnickelbuck is weet Gott nich büdelfuul – zeugt viele Kinder.
Kanuut, Karnuut (meistens Mehrzahl)
Genosse, Geselle, Spießgeselle; Schelm, Wildfang
Kanzelpuper
Pastor
Nu kaamt wi to de Hauptsaak, sä de Kanzelpuper, dor bleev he steken.
Kaptein
energische, herrschsüchtige Frau
De Kaptein hett Hoor op de Kusen – Haare auf den Zähnen.
Karkendörteihn
überflüssiger Mensch (wohl weil es nur zwölf Kirchenälteste gab)
Karnmelkskalv, Karnmelkskatt
Mensch, der viel zu klagen und jammern hat (wörtl.: Buttermilchskalb, -katze)
Dat Karnmelkskalv jammert groot Stücken un lütt Deel – ist mit nichts zufrieden.
Kasper, Kasper-Dacksteert
Schelm, alberner, lächerlicher Mann
Laat di man keen Schruvendamper in de Ogen weihen, du Kasper!
Kasperie, Kasperkraam – Unfug, Blödsinn
kaspern, rümkaspern – Possen treiben

kathoolsch
albern, närrisch, verrückt
'n lege → *Oolsch maakt den Mann kathoolsch* – verrückt.

Katt
hinterhältige Frau
falsche Katt – schmeichlerische Frau, der nicht zu trauen ist
fule Katt – nicht sehr strebsame Frau
kattenfründlich – scheinfromm, hinterlistig

Kattenkopp
Schlosser

Kattenoog
Mensch, der über übernatürliche Kräfte verfügt (und wie eine Katze im Dunkeln sehen kann)
Holland in Noot, allens ünner Water, bloots dat Kattenoog swümmt baven.

Kattuunrieter
Textilverkäufer; Kaufleute allgemein (niederländisch *kattoen* – festes Gewebe aus Baumwolle)

Keek, Keekler, Kekelsnuut
Wichtigtuer, Biertischpolitiker, Schwätzer (*Keek* – Mund, Maul)
De Kekelsnuut mutt 'n Slott vör sien Muul hebben.
kekeln, kekern – schwatzen, plaudern

Keerl
abwertend für Mann; Mannweib
Den Keerl fehlt mit 'n Holthamer vör 'n Moors.

Keesknieper
Käsehändler; Meiereimädchen

Kehr-di-an-nix
selbstbewußter Mensch; jemand, dem alles gleichgültig ist, Luftikus
De Kehr-di-an-nix leevt dor op loos, as wenn keen Heben baben uns weer.

Ketelflicker
Plaudertasche; Streitmacher (wörtl.: Kesselflicker)
De kloppt sick as de Ketelflickers.

Ketelkommandant
Schiffskoch

Kiek-in-Aben
Bäcker

Kiek-in-de-Kann
Trunkenbold
De Kiek-in-de-Kann hett mol wedder 'n Blickhoot op – ist völlig betrunken.

Kiek-in-de-Köök, Kiek-in-de-Kumm, Kiek-in-de-Pann, Kiek-in-de-Putt
Topfgucker

Kiek-in-de-Welt, Kiek-in-de-Wind, Kiek-op-de-Tünn
junger, unerfahrener, einfältiger Mensch; Träumer
De Kiek-in-de-Welt is klook op 't Eiereten: He puult de Schell af.

Kiek-üm-de-Eck
neugieriger Mensch; Spion
De Kiek-üm-de-Eck fraagt di de Krümels ut 'n Moors.

Kiek-ut
neugieriger Mensch, der bevorzugt durch die Gardinen lugt
Neeschierig bün ick nich, seggt de Kiek-ut, ick mutt bloots jümmers allens weten.

Kielkopp
Dickkopf, Dummkopf
O, du gerechte Strümpsock, wenn de Kielkopp nich so dumm weer, weer he al lang dootbleben!

Kinnerketscher
Kindermädchen

Kistenmaker
Tischler (*Kist* – auch: Sarg)

Kittoog
Einäugiger; Mensch mit Triefaugen
Kiek mol, dat arme Kittoog, man een Oog un dat is noch vun Glas!

Kittpuler, Kittschieter
Maler, Glaser

Klaagkatt, Klaagkind, Klaagpopp, Klaagpöpper, Klaagputt
petzendes Kind; wehleidiges, weinerliches Kind
De Klaagkatt sitt dor un weent Snott un Quiel – aus Augen, Nase und Mund.
klagen – klagen, Klagerufe ausstoßen

Klaas, Klaas-Abendsegen, Klaas-Klump, Klaas-Klümp, Klaas-Mehlbüdel
ungeschickter, dummer Mann
Düsse Klaas-Mehlbüdel is düchtig mit de Hannen, wenn de Moors jöökt, bruukt he se beide.
'n sünnern Klaas – sonderbarer Mann (auch Wortspiel mit → *Sünnerklaas* – Sankt Nikolaus)
stamern Klaas – Stotterer

Doon is 'n Ding, snacken köönt wi all, seggt de stamern Klaas.

klasig – dumm, schwerfällig

Klaas-Klöön
langweiliger Mann, der viel Belangloses redet
Sabbel di doot, du Klaas-Klöön!

Klaas-Klüünbuur
ungewandter Mann (eigentl.: Torfbauer)
Laß doch der Jugend ihren Lauf, seggt de Klaas-Klüünbuur, un lett de Farken op de Straat.

Klabasterkopp
unbeholfener Mensch, der sich meistens selbst im Weg steht
Wenn de Klabasterkopp in 't Water fallt, denn spaddelt he as 'n Pogg in 'n Teertunn.

klabastern – polternd laufen

Klabater, Klabauter, Klabautermann, Krabaat, Krabater, Krabauter
wilder, übermütiger Mensch; Kleinkind

Klackerbüdel
Kind, das kleckert; Maler
De Klackerbüdel mutt 'n Slabberlatz umkriegen – ein Lätzchen.

Klacks
kleiner Mensch
Dat schaadt mi nix, dat ick so lütt bün, seggt de Klacks, de meiste Arbeit is bi de Eer.

Kladderfotz, Kladdergatt, Kladdertasch, Klatt(je), Klattsteert
schmutziges, unordentliches Mädchen (das viel entzwei wirft)
Dat is wat, sä de Klatt, dor kreeg se wat vör 't Gatt – auf den Hintern.

kladderig, kladdig, klattrig – klebrig, von Schmutz oder Näße zusammengeklebt, verwirrt, verfilzt

Kladderkraam – Pfuschwerk

Kladderjan
Schmierfink

Kläffer, Klafferbütt, Klafferbüx, Klaffergatt, Klafferkatt, Kläfferkatt, Klafferkloot, Klaffermuul, Klaffertasch, Klapperkatt
Dauerredner, Neuigkeitskrämer, Klatschmaul; Angeber; Petzer
De Rosinen vun düsse verdreihte Klafferbütt sünd jümmers jüst so groot as anner Lüüd ehr Plummen.

klaffen, klaffern – kläffen; plappern, schwatzen; angeben, verpetzen

Klammbüdel, Klammkötel
Fröstling, kälteempfindlicher Mensch

Dat is ook man 'n korten Sommer, wenn man in de Hand puust, du Klamm-büdel!

Klammermütz, Klammersack
beständig klagender Mensch
De Klammermütz hett jümmers wat to quackeln – auszusetzen.

Klapper-an-de-Wand, Klapperbeen, Klappergestell
dürrer, knochiger Mensch
Dat Klappergestell is so indröögt, dat he mitten in sien Överrock steiht.

Klapphingst, Klopphingst
ungestümes Kind, Wildfang (eigentl.: Hengst, bei dem ein Hoden unter
die Bauchdecke gewachsen ist)

Klapskalli
einfältiger, unbeholfener Mann
De Klapskalli maakt 'n Gesicht, as wenn de Oss in de Bibel kickt.

Klatschmuul, Klatschsüster, Klatschtasch, Klatschtrien, Klatsch-wiev
Klatschbase
Dat ool Klatschwiev rötert as 'n Kaffemöhl.
klatschen – schwatzen, Gerede machen
Klatscherie – Geschwätz
klatschig – redselig

Klatter-an-de-Mast
gewandter Kletterer; Matrose

Klauer(t)
Dieb; tüchtiger Mensch (von ungewöhnlicher Größe oder Stärke)

Klederschapp
Mensch, der ausgesprochen viel Wert auf modische Kleidung legt; großer
Mensch (wörtl.: Kleiderschrank)
He is dat reine tweebenige Klederschapp – trägt immer neue Anzüge.

Kleevluus
seßhafte Person; Filzlaus; Klette
He is recht so 'n ool Kleevluus – ist nicht loszuwerden.

Kleibüdel, Kleilock, Kleiputt
unsauberer, langsamer Arbeiter
So, nu Hand an ' t Wark un keen Quickquark, du Kleiputt! – kein über-flüssiges Gerede.
kleien – sich bei der Arbeit schmutzig machen, einschmieren; schlecht
und unsauber schreiben
Kleierie – Geschmier; mühselige Arbeit
Kleikraam – unsaubere, mühselige, umständliche Arbeit

Kleibuur
Marschbauer
Dor is dat Geld för de Koh, sä de Kleibuur un bröcht sien Fru söben Penning na Huus.

Kleikater, Kleikatt
widerspenstiges Kind, Kratzbürste (*kleien* – kratzen)
De lütte Kleikatt is de reinste Engel – mit 'n B dorför.

Kleistermeister
Maler, Tapezierer

Klenterbüdel
Verschwender
Bi den Klenterbüdel geiht dat jümmers vun baben daal.
klentern, klempern – unnütz Geld ausgeben
Klenterkraam – Tand, Nichtigkeiten

Klepper
großer, starker Mensch

Kleppertasch
Klatschbase
Gott bewohr mien Mund, sä de Kleppertasch, dor harr se allens vertellt, wat se wüsst.
kleppern – angeben, verklatschen

Klickertasch, Klicketasch
Angeber(in), Dauerredner(in), Schwätzer(in)
He snackt vun den groten Christoffer un hett den lütten noch nich sehn, *düsse Klickertasch* (wohl nach der häufig bildlich dargestellten Legende, nach welcher der spätere Heilige Christophorus das Jesuskind auf der Schulter durch einen Fluß getragen haben soll).
klickern – indiskret schwatzen, angeben, verpetzen

Kliesterputt
Buchbinder; Tapezierer (wörtl.: Kleistertopf)

Klinkenputzer
Bettler; Hausierer

Klockenflicker, Klockenheiland, Klockenpuuster, Klockenschooster, Klockensmitt
Uhrmacher

Klookschieter, Klooksnacker, Klooksnuut
Besserwisser, Klugscheißer
Dreeg di man keen Bruch in de Nees, du Klookschieter – sei nicht so überheblich.

klookschieterig, klooksnutig – naseweis
klookschietern – sein Besserwissen zum besten geben
Kloon
alberner, dummer Mensch; Clown
Du büst mi ook so 'n Kloon, de glöövt, dat de Voss Eier leggt.

Klöönboort, Klöönbüdel, Klöönfatt, Klööngeesch, Klöönhamel, Klöönklaas, Klöönlapp, Klöönmütz, Klöönohr, Klöönpeter, Klöönputt, Klöönsack, Klööntasch
Plaudertasche, Schwadroneur
De Klöönpeter snackt as 'n Grüttgrapen – ohne Unterlaß.

(be)klönen – gemütlich plaudern, schwatzen
Klönerie – Geschwätz
klönig, klöönsch – redselig
Klöönkasten – Telefon
Klöönsnack – Geschwätz, Gespräch
Klöötschipper
Wattenschiffer, im Gegensatz zu den *Grootschippkeerls* – den Ost- und Westindienfahrern [Nordfriesland] (*Klööt* – Hoden)
Klopper
Schläger, Grobian
Dat fangt an un ward gemütlich, sä de Klopper, dor gung dat Hauen to 'n drütten Mol loos.
Klopp-in-de-Brie
grobschlächtiger, plumper Mensch
De Klopp-in-de-Brie is to 'n Swienstrog tohaut, un dor ward keen Vigelien vun – Zwischentöne sind ihm fremd.
Klöterbüss, Klöterliesch, Klötertasch, Klöterwiev
Plaudertasche
De Klöterbüss kann swiegen, bet de eerste ehr in de Mööt kümmt – begegnet.
klötern – klappern, klirren, rasseln
Klötersnack – Klatsch
Klövenmoors
Bäcker (nach dem Rosinenbrot *Klöven*)
Klöver
Mensch, der mit Vorliebe im Dreck wühlt (*klöven* – spalten, stampfen, waten)
Kluckhehn
Frau mit Sitzfleisch; Mutter, die ihre Kinder gegen alles und jeden in Schutz nimmt (eigentl.: Glucke)
Düsse Kluckhehn hett woll Pick (Pech) *an 'n Moors* – sitzt wie festgeklebt.

Klüftkopp
Haarspalter, Spintisierer
De Klüftkopp süht de Müüs forten (furzen) *un höört dat Gras wassen.*
klüftern – haarspalten, spintisieren
klüftig, kluftig – schlau, gerieben

Klumm(e), Klummerjan, Klummrian
Grobian, Tölpel, plump gebauter Mann
Smiet den Klummerjan in 't Water, un he swömmt as 'n Sack vull Steen.
klummerig – grob, ungefüge
klummern – poltern

Klümp, Klümp-Hinnerk, Klumpklaas
unbedarfter Dummkopf, dicker Mann (eigentl.: Kloß)
De Klümp weet doch nich, wat he achter leevt oder vörn – rein gar nichts.

Klumpfoot, Klunk(er)foot, Klunschenhauer, Klunsfoot, Klunster-foot, Klurrhack, Kluusterfoot
Mensch mit verwachsenem Fuß
De Klumpfoot is so smiedig as 'n afbraken Bessensteel.
klunsterföten – sich schwerfällig bewegen

Klunkerbuur
Bauer, der auf veraltete Weise wirtschaftet; ungeschickter Mann; Links-händer

Klütenkopp, Klütjenkopp
Dummkopf; rundkopfiger Mensch
De Klütenkopp steiht dor as 'n Hartensöven, schall Water halen un hett 'n Seef (Sieb) *mitbröcht.*

Klutenpedder, Klütenpedder
Ackerbauer, Landmann; landwirtschaftlicher Lehrling (*Kluut* – Klumpen Erde, Erdkloß)

Klüterer, Klüterklaas
Bastler, Pfuscher
Klüterbüdel – Junge, der ständig *klütert*
klütern – basteln, kleine behelfsmäßige Arbeiten ausführen

Knaak, Knaken
unangenehmer Mann; allgemein abfällig (wörtl.: Knochen)
Den olen Knaak geiht dat as de Swien, de doot eerst goot, wenn se doot sünd.

Knacker
alter, armer oder geiziger Mann
Wenn Petrus mi nich nimmt, seggt de Knacker, denn bliev ick op de Bank vör de Döör.
knickerig un knackerig – knauserig

Knackwust
bemitleidenswerter Mann, armes Würstchen
De Knackwust is 'n Keerl as 'n Hund, kann bloots nich bellen – an ihm ist nichts dran.

Knakenbreker
Grobian; Chirurg, Chiropraktiker (wörtl.: Knochenbrecher)
De Knakenbreker hett 'n Gemüt as 'n Slachter.

Knakenhinnerk
sehr dürrer Mann
Bi den Knakenhinnerk kiekt de Rippen al dör de Huut.

Knakenschooster
Chirurg, Chiropraktiker (wörtl.: Knochenschuster)

Knaller, Knallkopp
Dummkopf
De Knallkopp weet dor so veel vun af as de Kreih vun Sünndag – nämlich gar nichts.

Knapphöker
Kaufmann, der knappes Gewicht gibt
Den olen Knapphöker will ick noch mol in 'n Tüffel kacken – ihm das Geschäft verderben.

Knast
abfällig für Mann (eigentl.: Knorren im Holz, Stubben, Astloch)

Knastenstöter
Tischler
Is 'n Meisterstück, sä de Knastenstöter, dor harr he 'n Hunnenhütt buut un dat Lock vergeten.

Knecht
Mann, Kerl; allgemein abfällig

Kneepmaker
Spaßmacher, Witzbold, Unfugmacher; Rotwelsch: Kartenzinker (durch Kniffe machen)
Kneep – Kniffe, Streiche, Schelmereien
kneepsch – voll von Kniffen, pfiffig, spaßig

Kneetmuus
Masseurin (wörtl.: Knetmaus)

Knevel, Knövel
kräftiger, zumeist untersetzter Mensch, besonders von Kindern
Den Knevel kannst du 'n Handspaak in 'n Moors afbreken – so kräftig ist er.
knevelig – derb

Knickebeen, Knicker
Mensch, dem beim Gehen die Knie einknicken

Knicker, Knickerbüdel, Knickerhannes
Pfennigfuchser
'n Arme kann een ebenso dull argern as 'n Rieke, sä de Knickerbüdel, dor frie he na Geld.
knickerig – geizig
knickern – knausern

Knicklöper
Landstreicher (*Knick* – mit Buschwerk bestandener Wall als Feldgrenze)
Wat geiht mi de Welt an, seggt de Knicklöper, ick heff keen Huus dorin.

Kniepdüvel, Knieper
Geizkragen
De Kniepdüvel is bang, dat de Pann överlöppt – als Hausfrau geizig.
kniepig, kniepsch – knickerig

Knieptang
zänkische Frau (wörtl.: Kneifzange)
Wat heet Mudder op chinesisch? – Tang. – Un Swiegermudder? – Knieptang.

Knies, Kniesangel, Kniesbuck, Kniesbüdel, Knieser, Kniesing, Kniesknast, Knieskopp, Kniespeter, Kniesputt, Kniessack
Geizhals, Knauser
Söök du man de Luus ut de Bickbeern, du Kniespeter!
kniesen – übertrieben sparsam sein, knausern
kniesig, knusig – übertrieben sparsam, kleinlich in Geldsachen

Kniesnack
steifnackiger, mürrischer, unverträglicher Mann
*So 'n Muul maak man, kriggst 'n Wust mit 'n Band an,
du ole Kniesnack.*
kniesnackig – geizig; eigensinnig, halsstarrig

Knittermuul
Mensch mit faltigem Gesicht
*Dat Knittermuul hett 'n Freet as den Sepensieder sien
Moors.*

Knittermuul

Knoop
seltsamer Mensch (wörtl.: Knopf)
*Dat is al 'n drullige Knoop, kämmt sick mit de Hark un barbeert sick mit
de Lee* (Sense).

Knüffel
Geizhals
Hüüt wüllt wi mol flott leben, sä de Knüffel, dor eet he 'n Hering.
knüffelig – übertrieben sparsam
Knüppelmuskant
Trommler, Paukenspieler
Dat maakt de Gewohnheit, sä de Knüppelmuskant, dor trummel he op sien Fru.
Knurrbass, Knurrbüdel, Knurrhahn, Knurrputt
mürrischer Mann
Hest woll scheef legen, du Knurrbüdel? – schlecht geschlafen.
knurren – nörgeln, brummen
knurrig, knurrsch – verdrießlich, übellaunig
Knuust, Knüüst
eigenwilliger Mann, Eigenbrötler
Koh
dumme, plumpe Frau
Ehr de Koh kriggt snaven un beden, is de Kark ut – ehe sie es schafft zu
schnauben und zu beten, ist der Gottesdienst beendet.
Kohmoors
sehr dummer Mann (ursprüngl.: Kuhhirte)
Dat is 'n depe Insicht, sä de Kohmoors, dor keek he in 'n Soot – in den
Brunnen.
Kohstallgouvernante
Magd (für grobe landwirtschaftliche Arbeiten)
Kökendragoner
derbe, resolute Hausfrau; Köchin
De Bookweten is nich ehrer seker, bet he in 'n Magen is, sä de Kökendra-
goner, dor full ehr de Pannkoken in de Asch.
Kökenkieker, Kökenknecht
Topfgucker
Kökenknecht
Mann für einfachste Küchenarbeiten
Kombüsenadmiraal, Kombüsenhingst, Kombüsenkünstler
Schiffskoch
De Kombüsenhingst hett wedder 'n bösen Frupps (Pampe, Fraß) *in de Back*
(Seemannssprache: hölzerne Wanne für das Essen) *tohoopschraapt.*
Konsorten (nur Mehrzahl)
Spießgesellen, Komplizen, Bande
Singen, ahn duun to ween, dat is ›Vorspiegelung falscher Tatsachen‹, seggt
de Konsorten.

Kontoorhingst
Büroangestellter

Köömbroder, Köömbütt, Köömkopp, Köömkruuk, Köömsnuut
Schnapsbruder, Säufer
De Köömbroder hett mol wedder to veel Ballast laden – ist betrunken.

Köömhosten – trockener Husten, mit dem man signalisiert, daß jemand einen ausgeben soll
köömkrank – betrunken

Koppersnuut
Trinker (wegen seiner kupferfarbenen Nase)
Stimmt, seggt de Koppersnuut, vun Kööm warrst duun, vun Branntwien warrst besapen.

Koppschooster
Hutmacher

Korona
Gruppe, Bande, Rotte
De ganze Korona dröppt sick wedder bi den Düvel in de Höll.

Kost(en)gänger
sonderbarer, wunderlicher Mensch
Uns Herrgott hett allerlei snurrige Kostgänger.

Kötelboxer, Kötelfeger, Kötelpietscher, Kötelschuver, Kötelviez
Straßenkehrer

Kötelbuur
kleiner Bauer, der statt eines stattlichen Misthaufens nur *Kötel* – Klümpchen Kot vor dem Haus liegen hat
Kiek di den Kötelbuur an, wenn de Sünn ünnergeiht na Westen, denn ward de Fulen de Besten!

Kötelkist – Hintern
köteln – Kötel machen

Kötelgrieper
Sanitär-Installateur

Kötelkacker
kleinkarierter Mensch
De Kötelkacker will för 'n Penn freten un för 'n Daler schieten.

Kötelklöver
Mensch, der alles können will, aber nichts zustande bringt (wörtl.: Kotklümpchenspalter)

Köter
schlechter Mann, Herumtreiber (eigentl.: Hund)

*Düsse Köter hett 'n Gesicht as 'n Teller Brootsupp, dor passt jümmers noch
'n Slag rin.*

kötern – hin und her laufen (auch von brünstigen Hunden)
Köterlock, Kötermoors
unruhiger Mensch, der beständig hin und her läuft
Krabbenbuur
Krabbenhändler
Krack
Schwächling; gebrechlicher Mensch (eigentl.: altes, mageres Pferd, Schind-
mähre)
De Krack hangt man so eben bi de Gradens tosamen.
Krakeeler
Zänker, Streitmacher
Krakeel – Lärm, Streit
Wenn he een ünner 'n Hoot hett (betrunken ist), *gifft 't jümmers Krakeel
un Schandaal.*
krakeelen – lärmen, laut zanken
krakeelig – zänkisch, streitsüchtig
Kratthacker, Krattpauer
streitsüchtiger, rechthaberischer, kleinlicher Mensch (*Kratt* – dürres Holz,
pauen – treten)
*Den Kratthacker kannst nix recht maken, he finnt jümmers 'n Kötel in 't
Koorn* – ein Haar in der Suppe.
Krattwark – Schar von kleinen Kindern
Kratzböst
leicht aufgebrachter, unbändiger Mensch
kratzböstig, kratzig – reizbar, kurz angebunden, schnippisch
Krauler
Kätner, der wegen seines geringen Landbesitzes nicht auf einen grünen
Zweig kommen kann
De Krauler melkt man een Zeeg un een Kiewitt.
kraulen – kriechen, klettern, sich abmühen
Krauter
Gärtner; Meister eines kleinen, schlechtgehenden Handwerksbetriebs;
Sonderling
Krawallmaker
Unruhestifter
De Krawallmaker gifft keen Roh, ehr he een vör de Bless kregen hett – vor
die Stirn.
krawallsch – streitsüchtig

Kreatur
unbedeutender, bemitleidenswerter Mensch
Düsse Kreatur süht ut as dat Leiden Christi to Peerd – sehr elend.

Kreetler, Kretelbüx, Kretelkopp, Kretelputt
Streitsüchtiger, Eigenwilliger (*Kreetler* auch: Schiedsrichter beim Boßelspiel)
Mit so 'n Kretelbüx mutt 'n fix in 't Geschirr gahn – ihm zeigen, wo es lang geht.

Kreet, Kretel, Kretelie – Streit, Zank
kretelig, kreetsch – streitsüchtig
kreteln – streiten; kritteln

Kreih
zänkische, häßliche Frau (wörtl.: Krähe)
Wenn de ole Kreih afgüng, wöör se ook noch keen smucke Dode afgeben – bei ihr ist Hopfen und Malz verloren.

Kreihhahn
Schreier, Maulheld (*kreihn* – krähen, mit hoher Stimme sprechen)
De Kreihhahn höllt dat Muul ook bloots, wenn man dor mit 'n Tüffel op sleit.

Kribbelkopp
leicht erregbarer, aufbrausender Mensch
De Kribbelkopp fohrt op as 'n Fort in 'n Ballig Water – wie ein Furz in der Wasserwanne.

Kribbel – Juckreiz; Ärger
kribbelig – reizbar, leicht erregt, eigensinnig

Kringelbäcker, Kringeldreiher
Konditor

Krintenkacker, Krintenschieter
Krämer; kleinlicher Mensch, Geizhals (*Krint* – Korinthe)
Bet du vun den Krintenkacker mol Geld sühst, dor kannst op luurn, bet di Moos vör 'n Moors wasst – bis zum St. Nimmerleinstag.

Krintenstengel
Krämerlehrling
Mutt ick dat ook lehrn, sä de Krintenstengel, dor sehg he, wo sien Lehrherr vun de Ledder full.

Krömel, Krümel
kleiner Mensch
Vun so 'n Krömels as di hebbt wi fröher Tinnen för de Heuhark maakt – Zinken für die hölzerne Harke.

Krömelkacker, Krümelkacker
kleinlicher, geiziger Mensch
De Krömelkacker haalt noch den Rook vör de Höll weg – so geizig ist er.

Krööt, Kröötkopp, Kröötsack
eigensinniges, störrisches, unfolgsames Kind; leicht gereizter Mensch
(wörtl.: Kröte)
Ick heff mi al de Nees utsnaben, as du dien Moder noch över de Hand kakken dääst, du Krööt.

krötig – trotzig, eigensinnig, keck, leicht gereizt, kurz angebunden, kratzbürstig; stolz, hochmütig, eingebildet
Krötigkeit – Hochmut; Kratzbürstigkeit

Kröpel
Krüppel, Mensch mit körperlichem Gebrechen
Dat hest drapen, sä de Kröpel, dor beet de Hund em in 't holten Been.

Kröpelie – umständliche, schwierige Arbeit
kröpelig – verkrüppelt; kümmerlich, stackelig

Kröpelbuur
Bauer, der sich mühsam durchschlägt
To veel is to veel un to wenig is to wenig, harr de Kröpelbuur seggt, de Fru dree Kinner un de Söög een Farken.

Kröpellieschen
körperlich behinderte Frau
Dat arm Kröpellieschen: hett man een Been un dat is noch vun Holt!

Kropptüüg, Krupptüüg, Kruuptüüg
Kinderschar (leicht abwertend), auch allgemein: minderwertiges, mißratenes Zeug
Dat Kropptüüg höört in 't Swattsuur – Gericht, in dem die weniger wertvollen Teile des Schlachtviehs verwertet werden.

Krötentüüg
eigensinnige, unartige, unfolgsame Kinder
Dat Krötentüüg speelt Oorslock hooch – treibt es toll.

Krück
toller, spaßiger Mensch, der immer zu Streichen aufgelegt ist
To lachen gifft dat doch ümmer wat, sä de Krück, güstern Abend full uns Schimmel in den Soot (Brunnen) *un hüüt morgen bleev uns Grootmudder doot.*

Krüffenbieter, Krüppenbieter
Kostverächter; Schwächling, unfähiger Mensch (eigentl.: Pferd, das die Futterkrippe zerbeißt)
'n Keerl as 'n Schötteldook, düsse Krüppenbieter.

Krummholt
Stellmacher (Rotwelsch)
Kruper, Krüper
kleiner Mensch; Kriecher, Schleicher
De Kruper schüfft af as 'n Hund, de keen Steert hett.
Krüterdokter
Quacksalber, Heilpraktiker
Kruupschütt
Wilddieb
Kruupschütteree – Wilderei
Kruup-ünner, Kruup-ünner-de-Busch
Wicht, Zwerg
Pedd di man nich op 'n Büdel, du lütte Kruup-ünner!
Kruuskopp
Hitzkopf, Brausekopf (eigentl.: Lockenkopf)
Maak den Mund to, dat Hart ward di koolt, du Kruuskopp!
Kruutkramer
Gewürzhändler, Kolonialwarenhändler
Kuddl Daddeldu
Seemann
daddeldu – alles in Ordnung, besonders in der Seemanns- und Hafensprache (englisch: *that will do* – das genügt)
Kujoon
hinterlistiger, feiger Mann, Taugenichts (aus französisch *couillon* – Dummkopf)
De Kujoon lüggt, dat de Flegen doot vun de Wand fallt.
kujoneern – niederträchtig, gemein behandeln, quälen
Kukeluur(sche), Kunkeluur
Mensch, der seineAugen überall hat; Lauscher, Spion(ierer)
De Kukeluursche stickt ehr Nees in jedeen Schüünfack.
kukeluren, kunkeluren – lauern, spionieren, neugierig herumhorchen
Küken
unbedarfter, ausgelassener Mensch, Kind
De sick för 'n Pannkoken utgifft, ward dor ook för opeten, dat mark di, du Küken!
Kukerjung, Kukerliese
schwächliches, verzärteltes Kind
De Kukerjung süht ut as dörscheten Appelmoos – hinfällig.
kukelig, kukerig – kränklich, schwächlich; armselig, arm
kukern – schwächlich, kränklich sein; frösteln

Kukuuksei
Eindringling; ungeratener Sprößling

Kukuukskeerl, Kukuuksklever
Gerichtsvollzieher

Kulanten (nur Mehrzahl)
Freunde, Kameraden, die zusammenpassen
Dat sünd de richtigen Kulanten, de höört tosamen as Kalverpick un Düvelsdreck.

Kulengraver, Kulengräver, Kulenmaker
Totengräber, Friedhofsgärtner (*Kuul* – Grube, Vertiefung, Grab)
Wenn dat Hart man swart is, sä de Kulengraver, dor keem he mit 'n rode West to Gräffnis.

Kullerhahn
aufbrausender Mann (eigentl.: Truthahn)
De Kullerhahn is grandessig (böse) *as 'n stöten Bull.*
Kuller – Koller, Wutanfall
kullerig, kullersch – wütend, jähzornig, rasend

Kumm-man-her-un-sühst-mi-woll
Aufspieler, Blender
Dat is ook so 'n Kumm-man-her-un-sühst-mi-woll de jümmers in 'n groten Bagen pissen mutt.

Kumpaan
übler Bursche; Kamerad, Genosse, Kumpan
Bi düsse Kumpanen is ook een den annern de Snott in de Nees nich günnen.

Kungelputt
Mensch, der heimlich unsaubere Geschäfte abschließt oder Absprachen trifft
De Kungelputt snackt mit 'n Moors anners as mit de Freet.

Kunker
seltsamer Patron (eigentl.: große Spinne)
Ick sla di glieks dien Gesichtsbarg (Nase) *breet, du Kunker.*

Kusenbreker, Kusenklempner, Kusenknieper, Kusenrieter, Kusentrecker
Zahnarzt (*Kuus* – Backenzahn)

Küstenkruper
Küstenschiffer, Kleinschiffer (wörtl.: Küstenkriecher)
Alle Frachten lichten, seggt de Küstenkruper un smitt sien Fru över Boord.

Kütenfreter, Küütsnuut
verachtenswerter Mensch (*Küüt* – Eingeweide mit Inhalt; Nasenschleim, Popel)
Gah hen un lick Zwetschen, du Küütsnuut!

L

Laaks
schlaffer Mann, der keine Lust zur Arbeit hat
De Laaks is al fardig mit Jack un Büx, wenn he man een Been ut 't Bett hett.
laaksig – schlaff, müde
rümlaaksen – untätig herumsitzen
Laban(d)
lang aufgeschossener, ungeschlachter, schwerfälliger, nichtsnutziger Mann (wohl nicht nach der biblischen Figur Laban)
De Laban is jo so lang as Lewerenz sien Kind, dat reck negen Ellen över de Weeg.
Labberkeek
Plaudertasche
Wat düsse Labberkeek di vertellt, dat is 'n Stück Snack as 'n Lepel vull Pannkoken.
labben, labbern – schlappen, lecken, saugen; schwatzen, labern
Lachfatt, Lachsnuut
Mensch, der ständig und ausgiebig lacht
Süh, dat Lachfatt freit sick as de blanke Moors in de Netteln.
Ladenswengel, Ladenswung
Krämerlehrling
Lagel
langer Mensch
Düsse Lagel hett sick wull rein ut Rand un Band wussen.
Landheini
Provinzler, ungeschliffener, zurückgebliebener Mann
De Kledaasch vun düssen Landheini weer to Napoleons Tieden Mood un nu fangt se dor wedder mit an.
Langdarm, Lang-Lief-vull-Argernis, Langrick
sehr langer Mensch
Vun dat Langrick harr de leve Gott ook geern twee vun maken kunnt.

lang Elend
überlanger Mensch
Dat lang Elend hett Arms, de kann sick in 't Stahn an de Töhn kleien.

elennig, elenniglich – leidend, kränklich

Langfinger
Dieb

Lapp, Lapps, Lappoors
dummer, plumper Mann, Flegel; Mensch mit langen Gliedmaßen
Du lange Lapps, fall man nich över dien egen Fööt!

Lästermuul
Spötter
Pass op, du Lästermuul, dien Ohren un mien Hand schüllt noch Kameraden warrn!

Latrinenfohrer, Latrinenrenner
Fäkalienfahrer

Latscher
Taugenichts, Lümmel
De Latscher söcht jümmers na den Keerl, de de Arbeit opbröcht hett; he will em doothaun.

Laukerbüx
neugieriger Mensch, Horcher [Lauenburg]
De gröttsten Esels hebbt de fiensten Ohrn, du Laukerbüx!
laukern – lauern, horchen

Laukerdarf
langer, dünner, schlaffer Mensch
De Laukerdarf is to geil opschaten – zu schnell gewachsen.
lauk, laukerig, lauks – flau, schlaff, matt, träge

Lazarus
bedauernswerter Mensch; elender, kranker Mann, der wie vom Tode wiedererweckt wirkt (nach der gleichnamigen biblischen Figur, Lukas-Evangelium, Kap. 16, Vers 20 und Johannes-Evangelium, Kap. 11)
Düsse Lazarus stellt sien Schoh ook bald achter 'n Tuun – wird bald das Zeitliche segnen.

Leckerboort, Leckermuul, Leckertähn, Leckerteev, Leckertung
Leckermaul, Naschkatze (wörtl.: Leckerbart, -maul, -zahn, -hündin, -zunge)
Is de Buur nich 'n Leckertähn, fritt de Eier mitsamst de Hehn.
leckerfritzig – naschhaft, lüstern

Leckoog
triefäugiger Mensch
Dat Leckoog süht ut, as wenn he böös in de Buddel is – dem Alkohol verfallen sei.

Leegsnacker, Leegspreker
Verleumder [Stormarn]
De Leegsnacker kann veer Spraken: Hooch un Platt, dör de Nees un över anner Lüüd.
leeg – schlecht, minderwertig; schlimm; gerissen, schlau, klug
Leegheit, Legigkeit – Schlechtigkeit

Legenbuck, Legenfatt, Leger, Lögenbroder, Lögenfatt, Lögenlump, Lögenmuul, Lögenpeter, Lögensack, Lögentasch
Lügner
Dat Legenfatt lüggt, dat de Damp dorvun treckt.
Legers un → Bedregers.

Lehmkauer, Lehmklatscher
Töpfer

Lemmelmütz
langsamer und eintöniger Erzähler [Norderdithmarschen]
Kannst seggen över düsse Lemmelmütz, wat du wullt, man vun Ielenbarg is he nich – läßt sich in allem Zeit.
lemmeln – monoton und langweilig erzählen

Lepelfreter
gefräßiger Mensch (wörtl.: Löffelfresser)
De Lepelfreter hett de Lepelsucht un waagt dor 'n Darm bi – ißt mehr, als ihm zuträglich ist.

Leuterdarf
langer, dürrer Mensch [Dithmarschen]
De Leuterdarf is stark vun Knaken, kann guut lose Klüün böörn – losen Torf anheben.
leuterig – schwach, kraftlos, flau
leutern – schwanken, wackeln

Licht-un-dicht-Maker
Glaser

Lichtflünk, Lichtfoot
leichtsinniger Mensch
Düsse Lichtflünk meent ook, he is 'n Katt, de jümmers op de Poten fallt.

Lick-an-Proppen
Hansdampf, Mensch, der zu jeder Festivität geht; Schleimer, Schmeichler, überaus höflicher Mensch

De Lick-an-Proppen suust op sien egen Smeer in de Höll – seine Katz-bucklichkeit wird ihm zum Verhängnis werden.

Liemkaker
Tischler (wörtl.: Leimkocher)

Liepruun
mürrischer, mauliger Mensch, der die Unterlippe hängen läßt (*Liep* – Unterlippe, *Ruun* – Wallach)
Düsse Liepruun maakt 'n Flapp as 'n hölten Schüffel.

Lieschen Allerlei
umtriebige Frau
Se is ook man so 'n Lieschen Allerlei, de hett mehr Mannslüüd, as de däänsche König Suldaten hett.

Linke(r)fies, Linke(r)poot, Linksfuust, Linkspoot
Linkshänder
Linkspoot sla de Flegen doot!

Linkmichel
schlechter Kamerad, hinterlistiger Kerl (aus dem Rotwelschen)
De Linkmichel lüggt mehr, as he freten deit.
anmicheln, bemicheln – betrügen
linken – betrügen, hintergehen

Loopmann
Kaufmann
Kooplüüd sünd Looplüüd.

Loorbass, Lorbass
Lümmel, Taugenichts, Lotterbube
Kumm du mi an de Kaat (nach Hause), *du Lorbass, denn kannst wat bele-ven!*

Loosdriever
Herumtreiber
Een Troost is dorbi, sä de Fru an 't Graff vun ehr Mann, nu weet ick tominst, woneem de Loosdriever nachts stickt.

Lootgeter
leichtsinniger, unzuverlässiger, haltloser Mann; Prahlhans, Nichtstuer, Tölpel; durchtriebener, verschlagener, von Grund auf schlechter Mann, gemeingefährlicher Verbrecher (wörtl.: Bleigießer)
De Lootgeter höört dorhen, wo keen Sünn un keen Maand schient – ins Gefängnis.

Lopi
unfähiger Mann
Dat is 'n fixen Keerl op 'n Schietputt, düsse Lopi – er kann rein gar nichts.

Löti
Klempner

Luchsoog
neugieriger Mensch, Luchsauge
Wat schaad, dat de Vadder vun dat Luchsoog keen Glaser is, denn kunn he em 'n Schiev in den Moors setten, dat he ook na achtern kieken kunn.

Luder, Lüder
verschlagene, liederliche Frau (eigentl.: Lockspeise, Aas)
Ick heff woll al 'n Kind hatt, sä dat Luder to den Paster, aver man 'n ganz lüttes.

Luftikus
Windhund, leichtlebiger Mann
Grööt de Höhner un vergeet den Hahn nich, lick de Sünn in 'n Oors un vergeet den Maand nich, du Luftikus!

Lulatsch(er)
lang aufgeschossener Mensch; auch: unbeholfener, träger Mann; Tölpel, Lümmel
Düsse Lulatsch hett 'n Natur as 'n Backsteen – ist ein Gemütsmensch.

Lümmel
frecher, ungehobelter Mann, Flegel
Du sittst un schasst beden, dien Vadder leest dat Evangelium, un du seggst ›puup‹, du Lümmel.

Lump, Lumpengesell, Lumpenhund, Lumpenkeerl, Lumpenspinner
schlechter Mann
So 'n Lumpenhunnen kaamt mi nich över de Drümpel – über die Türschwelle.

Lumperee, Lumperie – Betrug, Schlechtigkeit

Lurendreiher
hinterlistiger Mann, Schleicher [Flensburg und Angeln]
Wohr di, de Lurendreiher maakt bannig fründliche Neeslöcker!

Lurendriever
Possenreißer
De Lurendriever freit sick 'n twetes Lock in 'n Moors, wenn he mol wedder een ansmeert hett.

Lüsteroog
Schleicher, Voyeur [Süderdithmarschen] (*lüstern* – lauschen, horchen)

Lüttfleit
Dienstmädchen
Ick heff 'n Bett weniger to maken, sä de Lüttfleit, dor sleep se bi 'n Herrn.

Lüüdanschieter
Betrüger
*Den Lüüdanschieter troo ick nich wieder as vun twölf bet Middag – über-*haupt nicht.

Lüüdschinner
Menschenquäler
Düsse Lüüdschinner kaakt di in dat een Ohr Grütt un in dat anner Goos-
fleesch – macht mit dir, was er will.

Luukohr
einer, der scheinbar teilnahmslos ist, aber genau auf das hört, was gesprochen wird
luukohrig – hellhörig, lauschend

Luunkopp, Luunpuus
launischer Mensch
lunen – launisch sein, maulen, schmollen, trotzen
luunsch – launenhaft, trotzig
De is so luunsch as Mett ehr Puus – Wortspiel: Metas Scheide oder Metas
Katze.

Luurbüdel
Zauderer, Leisetreter
Tja, du Luurbüdel, dor is man in 'n Ogenblick oolt un grau, un de Kinner
schüllt eerst maakt warrn.

Luurbuur
übervorsichtiger Bauer (*luurn* – warten)
Hoolt stopp, sä de Luurbuur, morgen ward dat Wetter beter.

Luur-op 'n-Penning
Krämer

Luur-op 'n-Wind
Windmüller
Ick kumm glieks wedder, sä de Luur-op 'n-Wind, dor seet he op 'n Möh-
lenflögel.

Luurpuus
neugierige Frau, die immer auf der Lauer liegt
De Luurpuus weet Ostern al, wo Wiehnachten Kinnelbeer is – sieht freu-
dige Ereignisse lange voraus.
lurig – lauernd, mißtrauisch

Luusangel, Luusbengel, Luusbunk
Lausebengel, Schelm
Dat hett keen Iel, sä de Luusangel, dor schull he 'n Fellvull hebben – eine
Tracht Prügel beziehen.

Luusfink, Luuspilster
geiziger Mensch
De Luusfink kann mit 'n Ellenbagen nich in de Tasch kamen – der Weg zu seiner Geldbörse ist ihm verwehrt.

Luushund, Luusjack, Luuskeerl, Luusknacker, Luuskopp, Luusohr, Luusrump
übler Mensch, Schelm, Tunichtgut
Du verlüüste, lusige Luusrump! – verlauster, lausiger Läuserumpf.

Luuspack, Luusrumpen
Gesindel
Dat Luuspack mag geern mol engelsch inkopen – ohne zu bezahlen.

M

Maandkalv
törichter Mensch
Dat Maandkalv is so dumm as 'n Stück Sott – wie ein Rußpartikel.

Maandschiensbuur
Bauer, der bis spät in die Nacht arbeitet
De Maandschiensbuur is de ganze Nacht bi un streit Konkursmehl – Kunstdünger.

Mackeprang
Streitmacher, Aufrührer
De Mackeprang sluukt 'n Glas Water daal, ahn to kauen.

Madam
Frau, die mehr aus sich machen will, als sie ist; aufgedonnerte Frau
De Madam dücht sick wunnerwat – ist sehr von sich eingenommen.

Maddelbüx
unentschlossener, hilfloser Mensch
De Maddelbüx weet mol wedder nich, wokeen em den Moors bescheten hett – er ist aufgeschmissen.

maddelig – matt, flau, schwach, kränklich
maddeln – ohne Tatkraft und Erfolg mit unzureichenden Kräften arbeiten, sich vergeblich abmühen

Maiaap
dummer, angeberischer Mann
Düsse Maiaap is ook een vun de Söven, de den Schimmel mit vertehrt hebbt – ein Prahler.

Maiheek
langer, schlanker Mann (wörtl.: Maihecht)
He kann glatt noch 'n Hölpsmann mit in de Büx nehmen, düsse Maiheek
— füllt seine Hose allein nicht aus.

Maikatt, Maikieker, Maimops
leichtgläubiger Mensch (ursprüngl.: jemand, der sich durch Fopperei am
1. Mai anführen läßt)

Mallaap, Mallbrägen, Mallbüdel, Mallerjahn, Mallhamel, Mallhund
alberner, leichtsinniger Mann (*mall* — verrückt, albern; seltsam, wunder-
lich; toll, böse)
De Mallbüdel is nich ganz richtig ünner de Mütz — nicht ganz zurech-
nungsfähig.
malle Söven — verrückter, verdrehter Mensch
mallen — sich albern gebärden
mallerig, mallig — albern, verrückt
Mallheit — Albernheit, Unsinn

Mammajitt
verzogenes Kind, das nicht ohne seine Mutter sein kann
Fief Minuten vun 't Huus un noch keen Post un glieks blarrt de Mamma-
jitt.

Mamsell
Köchin, Hausmädchen; Frau mit freizügigem Lebenswandel (franz.:
mademoiselle — Fräulein, unverheiratete Frau)
De Mamsell lett sick vun allens neihen, wat 'n Büx anhett — geht mit
jedem Mann ins Bett.

Mappenkeerl
Zeitschriftenvertreter
De Mappenkeerl bringt jede Week de neesten Industrierten — neuen Lese-
stoff.

Mars-Schrökelbeen
verwachsener Mann
Steek di 'n Zigarr in de Freet, du Mars-Schrökelbeen, dat 'n weet, wo vörn
un wo achtern is!

Mars-Ulenbrook
Eulenspiegel
Kumm mi nich wedder an un vertell mi wat vun den Hoier-Boier (Storch)
sien Achterbeen, du Mars-Ulenbrook!

Maschien
große, kräftige Frau
Wat de Maschien achtern to veel hett, hett se vörn duppelt.

110

Mattis-Loi
Faulpelz [Flensburg] (*loi* – faul)
Weer 't man eerst Abend, dat de Minsch to Ruh keem, sä Mattis-Loi, dor harr he morgens op de Bettkant seten un de Strümp antrucken.

Matz-Fotz
Hundsfott
Den Matz-Fotz schall ick woll glieks mit 'n fründlich Moors in 't blanke Angesicht jumpen.

Meckerbüdel, Meckerheini
Nörgler, Querulant, der an allem etwas auszusetzen hat
De Meckerbüdel is vundaag mit 'n Moors toeerst ut 't Bett krapen – mit dem falschen Bein aufgestanden.

Meckerfotz, Meckertante
unzufriedene, nörgelnde Frau

Mehlbüdel, Mehlsack
ungeschickter, kraftloser Mann
De Mehlbüdel wehrt sick as 'n doden → Stint.

Mehlworm
Bäcker, Müller

Meister Finsterglas, Meister Kitt
Maler, Glaser
Ruten ut un Finstern in, seggt Meister Kitt, dat is mien Verdeenst – Wortspiel mit *Ruten* als Fensterscheibe und Spielkartenfarbe Karo.

Meister Glöhnig
Schmied (*glöhnig* – glühend)

Meister Knieptang, Meister Kramp
Schlosser

Meister Liemputt
Tischler (wörtl.: Leimtopf)

Meister Murks
unfähiger Handwerker

Meister Pickdraht
Schuster

Meister Tweern
Schneider
Mit 'n Swung, sä Meister Tweern, dor smeet he 'n Fleeg ut 't Finster.

Melkpanscher
Bauer, der die Milch mit Wasser verlängert oder einen Teil der Sahne abschöpft

*Bi so 'n hittet Wetter suupt de Köh eben mehr, sä de Melkpanscher, as de
Fru sick över de blaue Melk besweern dä.*

Melkpanscher
Milchkontrollör, Meierist

Mettenmoors
unangenehmer Mann (wörtl.: Regenwurmhintern)
Lever 'n fett Swien in 'n Stall, as so 'n Mettenmoors as Naver.

Mettwustpreester
nichtstudierter Laien- oder Sektenprediger
De Mettwustpreester kann goot vun 't Woort kamen – ist wortgewaltig.

Michel
Schlafmütze
De ole Michel kümmt vör Middag nich ut de Puuch – aus dem Bett.

Mickerbüdel
unscheinbarer, unbedeutender Mann
Düsse Mickerbüdel is uns Herrgott sien Nix – eine Null in der Schöpfung.
mickerig – klein, zurückgeblieben
rummickern – kränkeln

Miegenkieker
Arzt (wörtl.: Urinbeschauer)

Miemer, Miemerer
schwermütiger Mensch; Phantast
Düsse Miemer phantaseert mit kole Hacken un warme Töhn.
miemelig, miemerig – trübsinnig; wirr im Kopf; elend, kümmerlich,
kränklich
miemern – tiefsinnig nachdenken, schwermütig grübeln; krankhaft
phantasieren, kränkeln

Miesepeter
schlechtgelaunte, verdrießliche Person
De Miesepeter stellt 'n Gesicht op as 'n Immenrump (Bienenkorb).

Miesmaker
Mensch, der schlecht über andere redet; Schwarzseher

Minna
Dienstmädchen, Haushaltshilfe

Minsch (nur sächlich)
allgemein abwertend für Frau
*Dat ole Minsch leevt jo rein ewig, de leve Gott will ehr nich hemm un de
Düvel hett ehr vergeten.*

Misser, Mistkeerl
verachtenswerter Kerl
De ole Misser is dat Anspeen nich weert.

Mistbuur, Mistpedder
Bauer
Klei di an de Winterklööt, du Mistbuur, kriggst in 'n Mai Jungen!

Mistjunker
landwirtschaftlicher Lehrling

Mitsnacker
Päderast; Anstifter
*Un dorbi weer de Schokolaad nich mol klaut, sä de Mitsnacker, dor seet he
in 't Kaschott* – im Gefängnis.

**Moderdietjen, Moderhöcken, Moderjitt, Moderpepper, Moder-
popp, Modertüüt**
verzärteltes Kind, Mutterkind
*Na, du lütt Moderjitt, büst woll dien Mama ehr best Küken in 'n Korf,
wenn de annern utflagen sünd.*

Monarch
Landstreicher; Wanderarbeiter, Gelegenheitsarbeiter
*Wat is dat för 'n Stück Arbeit, seggt de Monarch, as he morgens hooch
schull.*

Möörmoors
schwacher, kränklicher Mensch [Segeberg] (wörtl.: Mürb-Arsch)
De Möörmoors süht ut as Bottermelk un Törf – elend.

Moors, Moorsgesicht, Moorskoken, Moorslock
Arsch, allgemein abfällig
Gah hen un kau de Köh wat vör, du Moorsgesicht!

Moorsklopper
Lehrer (wörtl.: Arschpauker)

Moorskruper
Schleimer (wörtl.: Arschkriecher)
*Den verdreihten Moorskruper will ick püüstern, dat he sick wünscht, he
weer 'n Boom* – ich will ihn mir vorknöpfen.

Mops
dumme, faule Person; mürrischer Mensch
De Mops is so dumm as 'n Heuschüün.
mopsen – maulen, murren; stehlen
mopsig – verdrießlich, launisch

Möschenboort, Möschenpreester
schwächliches Kind
Ut 'n → Stint ward miendaag keen Hering, du Möschenpreester.

Moschü, Moschü Blix, Moschü Hasenfoot, Moschü Urian (alle auch: Musche-)
durchtriebener Bengel, Taugenichts, Luftikus (aus französisch *monsieur* – Herr)
Dat mark di, du Moschü Blix, de ool Lüüd för 'n Narren hett, de schall dor koolt na pissen.

Möserstöter
Apothekengehilfe (*Möser* – Mörser)

Mucker
Frömmler; Schleicher, Leisetreter, Heuchler; schüchterner, ängstlicher Mensch
Ick straaf mien Fru mit gode Wöör, sä de Mucker, dor smeet he sien Fru de Bibel an 'n Kopp.

Mudder Griepsch
Hebamme
Wat süht dat Kind den Vadder liek, sä de Mudder Griepsch, dor leeg dor 'n Farken in de Weeg.

Muffel, Muffkopp, Muffelpeter
Griesgram; Mensch, der undeutlich spricht
De Muffel sprickt mit de korte Tung – ist kurz angebunden.
muffelig – schlecht gelaunt, mundfaul
muffeln – granteln, den Mund beim Sprechen nicht weit genug öffnen

Mükenmaker, Mütenmaker
Streitmacher; Spaßmacher, Aufschneider (*Müüt* – Streit, Unruhe, Aufruhr; unsinnige Gedanken, dummes Zeug)
De Mükenmaker puust sick op as 'n Hasselpogg (Laubfrosch), *he is verwandt mit een, de mol bi een seten hett, de een kennt, de meist mol na Amerika fohrt weer.*

Mulewitt
ungeordnete Gruppe, Gesellschaft, Clique [Angeln]
Steek de ganze Mulewitt in een Sack, hau dor op, dröppst immer de Richtige.

Mümmelbüdel, Mümmler
Person, auf deren Reden nichts zu geben ist, die ihr Wort nicht hält; Mensch, der so undeutlich spricht, daß man ihn nicht richtig versteht

Murksbroder, Murkser
schlechter Arbeiter, Pfuscher (*Murks* – unsaubere, schlechte Arbeit)

Bloots uns Herrn sien Wark is ahn Fehlers, seggt de Murksbroder, dor full de Muur wedder üm.

Murrjahn
Murrkopf, Nörgler
Dat is di ook so 'n Murrjahn: Findt he 'n Daler, denn queest he, dat em dat Pottjemonottje fehlt.

Musche-Nüüdlich-ut-de-Delikatessenstraat
Stutzer

Muulheld
Prahler
Dat is mi villicht 'n Muulheld: Grote Rosinen in 'n Sack, aver keen Mehl to 'n Backen.

Muulklempner
Zahnarzt

Muulpisser
allgemein verächtlich für Männer (eigentl.: Ameise)
Du Muulpisser schasst na Mekelnborg op de Ossenschool! (das Mecklenburger Wappen ziert ein Ochsenkopf).

Muultasch
Schwatzbase [Segeberg]
Ick weet al, du Muultasch, dat weer twüschen Wiehnachten un Eckernföör, as dat to Niejohr Ostereier geev.

Muurklatscher, Muurlatscher
Maurer
Wat de Muurklatschers doot: een Stunn muurt se un een Stunn luurt se; een Stunn meet se un een Stunn eet se; een Stunn snackt se un een Stunn kackt se.

Muurnbreker
gewalttätiger, roher Mann (wörtl.: Mauernbrecher)
Wo düsse Muurnbreker henhaut, dor wasst keen Gras mehr.

Muurpisser
Junge (da er gegen eine Mauer urinieren kann)
Ick heff all gegen de Wand strullt, as dien Vadder di noch in sien Büdel rümdragen hett, du lüttje Muurpisser!

Muusfallenkeerl
hergelaufener Kerl; Zigeuner (eigentl.: Mausefallenhändler)

N

Nachtgeist, Nachtheister, Nachtigall, Nachtkarjöler, Nachtraav, Nachtuul
Nachtschwärmer
Düsse Nachtuul kann nachts nich in 't Bett finnen un dags nich na de Arbeit.

Nachthoot, Nachtmütz
Schlafmütze, Mensch, den man nicht ernst nimmt
Herr, laat dat Avend warrn, sä de Nachtmütz, wenn 't geiht noch vör 't Fröhstück.

Nachtuul, Nachtwächter
Nachtwächter; Trottel
De Nachtwächter is froh, dat he sick sülms hett – in Ermangelung anderer Dinge.

Nackedei, Nakedei(er)
Habenichts; nacktes Kind
Düsse Nackedei is al froh, wenn he 'n Heringssteert belutschen kann.

Nadreger(sch)
nachtragender Mensch
Vergeven un vergeten, dor will de Nadreger nix vun weten.
nadregern, nadreegsch – nachtragend

Naklaffer, Naklapper
Angeber, Petzer
Faat di man sülms an de Nees, denn hest 'n Stück Fleesch, du Naklaffer!

Namiddagsbuur
säumiger Bauer (der erst am Nachmittag richtig in Gang kommt)
Ick stah op, sobald as de Sünn in 't Finster schient, sä de Namiddagsbuur, dor harr he sien Kamer na Westen ruut.

Nappnees
törichter Mensch (wörtl.: Napfnase)
Dat Denken överlaat man de Peer, du Nappnees, de hebbt den gröttern Kopp!

Narr
dummer Mensch, Spaßmacher
Narrenkraam, Narrentanterie, Narrentöög – dummes Zeug
narrsch – närrisch
Ool Deern, büst woll narrsch, geihst mit 'n Regenschirm to Bett un smittst de Lamp mit 'n hölten Tüffel ut.
Narrschheit – Verrücktheit; Eitelkeit

Naschkatt
Leckermaul
Pass man op, du lütte Naschkatt, wi wüllt di de Leckertähn noch trecken.

Nasleper(sch)
Mensch, der immer zu spät fertig wird; Nachzügler

Nassauer
Abstauber, Schnorrer
Ob Oost, ob West, butenhuus smeckt best,
seggt de Nassauer – Fremdgekochtes bekommt
ihm am besten.

Natschoon
Pöbel, Gesindel (eigentl.: Nation)
Dat is 'n slimme Natschoon, de stinkt as de
willen Göös na Franzbranntwien.
dösige Natschoon – wunderliche Leute

'n Natten
Geiziger
Dat is 'n ganzen Natten, an'n leevsten süppt
he för natt – für umsonst.

Natschoon

Nattsack
haltloser, schwacher Mann
Den Nattsack rutscht dat Hart al in de Strümp, wenn he bloots an Gewitter
denkt.

Nauke
Geizhals; seltsamer Patron (vielleicht nach dem Hamburger Emil Nauke,
der sich wegen seiner kolossalen Gestalt für Geld sehen ließ)
De ole Nauke snitt sick lever in 'n Finger as in de Wust – vor Geiz.

Neeswater
Naseweis, Grünschnabel; nörgelnder, unbeliebter Vorgesetzter
Den Neeswater argert, dat de Sünn in 't Water schient un dat Maandlicht nix
kost.
neeswaterig, neeswatern – naseweis, vorlaut, schnodderig

Neetangel, Neetgrieper, Neetschieter
Knauser (*Neet* – Nisse, Lausei)
De Neetangel is so spoorsam, de snitt 'n Laken twei un flickt dor dat Faat-
dook (Küchenwischtuch) *mit.*
neetschieterig, netig – kratzbürstig, krötig, geizig; zänkisch, nörgelig,
heimtückisch, hinterlistig
Netigkeit – übertriebene Sparsamkeit; Groll, Schikane

Negenklook
Neunmalkluger
De Negenklook hett bet an 'n Hals studeert, in 'n Kopp is nix rinkamen.

Neihdeern, Neihfieken, Neihmamsell, Neihwüpp; Neihnadelgesell
Schneiderin; Schneider

'n Nerige(n)
Mensch, der immer auf seinen Vorteil bedacht ist, Raffzahn; Geizhals
Dat is so 'n Nerigen, de hett de Gicht in 'n Duum — kann seinen Geldbeutel nicht öffnen.
nerig — sparsam, daß es an Geiz grenzt, habgierig
Nerigkeit — übertriebene Sparsamkeit

Nesenkönig
Mann mit besonders großer Nase
Dat is recht so 'n Nesenkönig, de kunn meist Öllermann in de Nesengill warrn — Ältermann (Vorsitzender) in der Nasengilde.

Nesthüker, Nestkuuk, Nestküken
Nesthocker, schwächliches Kind, Langschläfer

Nevelkreih
unausstehliche oder aufgetakelte Frau (wörtl.: Nebelkrähe)
De Nevelkreih is ook so 'n Fräulein vun, geboren in de Heringstunn.

Nickel
nachlässige Frau; ungezogenes Kind, Nichtsnutz (eigentl.: Zehnpfennigstück aus Nickel, geringwertige Münze)
De ole Nickel packt ehr Tüüg jümmers in de grote Schuuvlaad — wirft sie auf den Boden.

Nickeldreiher
Geizhals, der jeden Pfennig umdreht
De ole Nickeldreiher sitt so fast op sien Knipp, dat de Adlers Halleluja singt (Anspielung auf die Adlerprägung auf Fünfmarkstücken)
nickelsüchtig — geldgierig

Nieliputt
neugieriger Mensch
nielig — indiskret, neugierig
He is so nielig, he fraagt een de Tung ut 'n Hals.

Nieselpriem
Eigenbrötler, unfähiger Mensch
Du kannst mi mol Peper in 'n Achtersten blasen, du Nieselpriem — leck mich am Arsch!

Niesnaas, Niesneser
Naseweis; langweilig sprechender Mensch; Geizhals; gleichgültiger
Mensch ohne Tatkraft
Wenn du tachentig Johr Brie ittst, du Niesnaas, warrst du 'n ool Minsch.
niesnasen – langsam und langweilig sprechen, an allem herumnörgeln,
nicht von der Stelle kommen
niesnasig, niesnesig – von einem Menschen, der sich um alles kümmert,
was ihn nichts angeht

Niesterkopp
Hitzkopf, Starrkopf [Angeln] (dänisch: *nist* – Funke)
niesterig, niestig – unzufrieden, eigensinnig, widerspenstig

Nillenkopp
unmöglicher Mann (auch: Eichel des Penis bzw. Rundkopfschraube)
Düsse Nillenkopp kann mi fix mol an de Fööt faten – ich will mit ihm
nichts zu tun haben.

Ningeldreiher, Ninnepuus, Nudeldreiher
weinerliches Kind
Laat den Ningeldreiher man, de weent mit dröge Ogen – nur zum Schein.

Nix, Nixnutz
unbedeutender Mensch
Mien Fuust, dien Karkhoff, du Nix!

Nix-in't-Lief
Hungerleider
De Nix-in't-Lief kann freten as 'n Dieker (Deicharbeiter) *un blifft doch
mager as 'n Spieker* (Nagel).

Nöler, Nöli, Nöölbass, Nöölbroder, Nöölbüdel, Nöölfotz(e), Nöölhans, Nöölpeter, Nööltrien
langsamer Mensch
nölen, nöteln – langsam sein, zaudern
Wat jung is, dat speelt (ist lustig), *wat oolt is, dat nöölt* (ist brummig).
nölerig, nölig, nöölhaftig, nöölsch – langsam, saumselig, phlegmatisch
De 't glöövt, ward selig, un de 't nich glöövt, ward nölig.
Nöölkraam – Trödelei

Nonn, Nunn
unvorteilhaft angezogenes oder tölpelhaftes Mädchen (eigentl.: Nonne)

Nöötfink, Nööthaak, Nöötschieter
Geizkragen; allgemein abfällig (wörtl.: Nüssefink, -haken, -scheißer)
*Du ole Nööthaak hest woll Rotten op 'n Böhn, Püch in de Nees un weetst
nich, wo rustige Krampen smecken* – bist wohl von allen guten Geistern
verlassen.

Nöötknacker
einfältiger Mann (wörtl.: Nußknacker)
Den Nöötknacker sünd woll de Brägen vertüdert – die Hirnwindungen verknotet.

Nootknecht, Nootnagel
Lückenbüßer, dessen Hilfe nur im Notfall in Anspruch genommen wird
Nötentröster
immer trübselig dreinschauender, langweiliger Mensch [Stormarn]
Dat is so 'n ganzen tristen Minschen, düsse Nötentröster.
nötentrösterig – trübselig, verdrossen
Nuddel, Nuddelbüdel, Nuddelbüx, Nuddelgreet, Nuddelpeter
Zauderer, Bummelant; Mensch, der undeutlich spricht; Schmutzfink
De Nuddelbüx is goot na 'n Dood to schicken (weil er so langsam ist).
nuddelig, nüddelig – langsam, träge; unordentlich, schmutzig
nuddeln – zaudern, nicht vom Fleck kommen; undeutlich sprechen
Nümmersatt
Nimmersatt
De Nümmersatt hett 'n kloke Lief, dat seggt an, wenn 't hungrig is.
Nusseler, Nusselbüdel, Nusselkatrien, Nusselkopp, Nusselliese, Nusselpeter, Nusselpussel, Nusselputt, Nusselpuus (statt Nussel auch: Nüssel-)
langsamer, unordentlicher, schmutziger Mensch
De ole Nusselpeter is man wat langsam in de Schoh.
Nusselie, Nusseligkeit, Nusselkraam – langsame, unordentliche Arbeit
nusselig – langsam bei der Arbeit
nusseln – zaudern, langsam, unordentlich oder unsauber arbeiten

O

Ökerbüdel, Ökerputt
griesgrämiger Kritteler, Nörgler
De Ökerbüdel hett ümmer wat to quesen, schient de Sünn, bruukt dat Land Regen, regent dat, hett he dat Heu noch nich binnen.
ökern – nörgeln, meckern, besser wissen
ökerig – nörgelsüchtig

ole (olle) Dussel
Kraftfahrer aus dem Kreis Stormarn, nach dem KFZ-Kennzeichen OD = Kreisstadt Bad Oldesloe

Öölgötz
blöder, dummer, unfähiger Mann
Du Öölgötz kannst ook bloots wat, wenn du op 'n Putt sittst un drückst.

Oolsch, Osche
Ehefrau, Freundin; allgemein abfällig für Frau
All neeslang hett he 'n nie'e Osche – wechselt häufig die weibliche Begleitung.

Oorsknaken
unausstehlicher Mensch
Gnissauer Oorsknaken sünd de Strengliner dörch 'n Moors krapen (Orte im Landesteil Holstein)

Oorspauker
Lehrer

Öös, Ööster(s)
Bande, Pack, Brut, besonders Kinder (Mehrzahl von → Aas)
Wenn de Öösters mien weern, de wull ick ganz anners, dor kannst di op verlaat-di-to! (Wortspiel aus *di op verlaten* und *verlaat di to*).

Opsnieder
Aufschneider, Angeber, Lügner
'n Opsnieder un 'n → *Windbüdel, dat is eenerlei.*

Opticker
Parkwächter, Straßenkehrer (weil er Papiermüll *optickt* – aufspießt)

Oss, Ossenkopp
sturer, dummer Mann
De Ossenkopp is mit de Holtäxt tohaut.
ossendumm, ossenklotzig – plump
Ossenverstand – Verstand wie ein Ochse; Kenntnisse über Ochsen

Överlegg-di-dat
einer, der vor lauter Überlegen nicht zum Entschluß kommen kann
Nu geiht 't loos, keen Minsch kann 't hooln, sä de Överlegg-di-dat, un denn seet he noch 'n Stünn.

Överminsch
Mensch von enormer Körperfülle
Wenn de Överminsch veer Fööt harr un 'n Steert, denn kunn he op de Landwirtschaftsutstellung Geld verdenen.

P

Paap
Pfaffe, seltsamer Heiliger
Ick will dat geern doon, man dat scheelt (nützt) *nix,
solang as de Wind vun düsse Kant weiht, sä de Paap,
dor schull he den leven Gott üm Regen beden.*

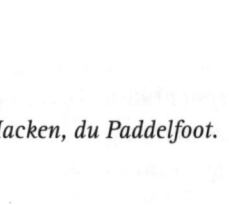

Paap

Paas
allgemein abfällig (wörtl.: Beutel, kleiner Sack)
*De vergeten Paas steiht mol wedder op de Kopp un höört
mit de Moors to* – ist sehr vergeßlich.

Pack, Packenaasch, Packvolk
gemeines Volk, Gesindel
Pack sleit sick, Pack eit (streichelt) *sick.*

Paddel, Paddelfoot
Mensch, dem alles mißlingt
Pedd di man keen Nudelkassen (Drehorgel) *in de Hacken, du Paddelfoot.*
paddelig – ungeschickt

Pageluun
hochmütiger, aufgedonnerter Mensch (wörtl.: Pfau)
Hau di man nich op de Tung, du padderwatsche (unbeholfener, verschrobener) *Pageluun!*

Paik, Peuk
alberner, lächerlicher, kleiner Mensch (Mooringer Friesisch: *poike* – kleiner Junge)
paikig – närrisch, albern

Pajatz, Pojatz, Pujatz, Püjatz
Spaßmacher, Hanswurst (wörtl.: Bajazzo)
De Pajatz hett nix as Kneep in 'n Kopp – Schelmereien.
pujatzenhaftig – zum Spaßmachen aufgelegt
Pujatzenkraam – Eulenspiegeleien

Paltenhauer, Paltfoot
schwerfälliger Mensch, grober Geselle
He hüppt as 'n Pogg in 'n Maandschien, de Paltfoot – ist ein schlechter Tänzer.
palterig – zerrissen, zerfetzt

Pamp, Pampmuul
unfreundlicher, kurz angebundener Mensch
Dat eenzigste latiensche Woort, dat düt Pampmuul kennt, is ›Schiet‹.

pampen, rumpampen – freche Reden führen
pampig – patzig, beleidigt, beleidigend

Pampfoot
schwerfällig gehender Mensch
Pamp(s) – Brei
pampen – stampfend auftreten, schwerfällig gehen
pampig – breiig, klebrig

Pannemann
Gerichtsvollzieher (*pannen* – pfänden)

Pannkoken
Dummkopf
Du büst klook as 'n Imm, du Pannkoken, kannst bloots keen Honnig schieten!

Pansenflicker
Arzt (*Pansen* – Rindermagen)

Pansenklopper
Schlachtergeselle

Papieratleth, Papierdaglöhner
Beamter

Pappschinees, Pappkopp, Pappnees, Pappstoffel
nicht ernstzunehmender Mann; Tölpel; Langeweiler
Dat is nich so as ›slaap bi de Deern un do ehr nix‹, du Pappstoffel – es ist fürwahr nicht so einfach, wie du denkst.

Pass-op 'n-Penning
Krämer

Pastüür, Pestüür, Postüür(sch)
große, häßliche Frau, die aber sehr von sich eingenommen ist und sich mächtig herausputzt (aus lateinisch *positura* – Stellung, Stand)
Wenn dat Postüür alleen vör 'n Spegel steiht, munstert ehr keen ut – ist sie allein die Schönste im ganzen Land.

Patroon
seltsamer Mann (eigentl.: Schutzherr, Schutzheiliger)
Steek den Finger in 'n Moors un rüük, wat du büst, du leidige (seltsamer) Patroon!

Patzkopp
Trotzkopf
Haal di de Düvel, du Patzkopp, denn bruukst keen Sarg!
patzig – trotzig, schnippisch, kurz angebunden, frech

Peerdokter
Arzt (eigentl.: Tierarzt)

Peerschooster
Sattler

Pelerputt, Pölerputt
ungeschickter Mensch [Nordfriesland]
Bi disse Pelerputt sind de Fingers verkehrt anwussen.

pelern, pölern – eine Flüssigkeit verschütten

Pennbroder
Landstreicher, Bettler (*Penn* – Rotwelsch: Herberge, Schlafstelle)
Lock in de Büx is Levensoort, seggt de Pennbroder.

Penn(en)schieter, Pennhöker, Penningfuchser, Pennsuger, Pennsuul, Pennsüwer
kleinlicher Rechner, knauseriger Händler, Geizhals
Düsse Pennenschieter hett woll Reimatissen in 'n Duum – kann den Daumen nicht bewegen, um Geld zu zählen.

pennschieterig – geizig, kleinlich

Penüter
kleiner Mensch; schwächliches Kind
Beid liek stark, sä de Penüter, dor sloog he sick mit 'n Backtrog un legen bald beid op de Eer.

penüterig, pnüterig – kleinlich, ärmlich (aus französisch *pénurie* – Elend, Mangel)

Peperlock
ständig schwatzende Frau
Wenn dat Peperlock mol starvt, mööt se ehr de Freet extra doothaun.

Perr-daal
unbeholfener Mensch, der alles niedertritt
De Perr-daal löppt rüm as de dumme Hans mit sien Arvdeel.

pedden, perren – treten

Perr-lang
einer, der raumgreifende Schritte macht

Pertrett
Mensch mit unangenehmem Gesicht, mißliebiger Mensch (aus französisch *portrait* – Bild, Figur)
Wenn dat ool Pertrett mol doot is, denn schüllt se ehr man in Swattsuur kaken laten.

Pesel
schmutzige, unordentliche Frau (*Pees, Pesel* – männliches Glied)

Gottloff, dat wi backen ward, sä de Pesel, denn gifft 't eerst mol reine Han-nen.

peselig – unsauber bei der Arbeit

peseln – schmutzige Arbeiten verrichten

Peselpopp
aufgeputztes, verhätscheltes Kind; Salondame (*Pesel* – Festraum in alten Bauernhäusern)
Düsse Peselpopp driggt de Nees ook höger, as se ehr wussen is.

Peter-Lügg
Lügenpeter
Wenn de Wöör vun düssen Peter-Lügg 'n Brüch weern, ick güng dor nich röver.

Peter-Lustig
Spaßvogel
Höör Mudder, dor fallt wat, sä Peter-Lustig, dor harr he sien Fru ut Bett stött.

Peter-Neeschier
neugieriger Mann
Dat warr ick di Peter-Neeschier ook jüst op de Nees backen – erzählen.

Peter-Puup
Schwächling
Wat wullt du vun mi, du Peter-Puup, wenn ick mol hoosten do, flüggst du jo foorts ünner 'n Böhn!

Petersillenschieter, Petersillenwuddel
trockener, langweiliger Mensch
He is recht so 'n dröge Petersillenwuddel, hett 'n Natur as 'n Dackpann.

Petott
Idiot [Flensburg]

Petuhtante
Plaudertasche, die nebenbei Handarbeiten verrichtet (ursprüngl.: Inhaberin einer Jahreskarte = Partoutkarte der Flensburger Fördereederei, die ihre Freizeit auf der Förde pendelnd verbrachte)
Petuhtantendeutsch – Hoch- oder Plattdeutsch mit dänischen Einflüssen; verdrehtes, ›falsches‹ Deutsch
Komm nieder Mamsell un bring die Kinder um! Und wenn Sie sie abgezogen haben, dann legen Sie sie ein! – Kommen Sie herunter Mamsell und bringen Sie die Kinder nach Hause! Und wenn Sie sie ausgezogen haben, dann legen Sie sie zu Bett.

Petz
liederliche Frau (eigentl.: weiblicher Hund)
Ick heiraadt keen Weetmann (Witwer), sä de Petz, ick will mi mien Mann sülvst africhten.

Pewerklaas, Pewerling
Schwächling
pewe, pewer, pewerig – blaß, elend, kränklich, kümmerlich
De → Gast süht so pewerig ut, as wenn he siet veerteihn Daag mit de snelle Katrien ümgeiht – sich mit Durchfall quält.

Piatt, Pjatt
dröhniger, unzufriedener Mensch; einer, der nicht weiß, was er will (dänisch *pjat* – verwirrt)
De Piatt treckt 'n Flunsch, as wenn de Koh schitt.
piattig – unzufrieden, unentschlossen

Pichelbroder
Saufbruder, Trunkenbold
De Pichelbroder is so duun as 'n Swien, dat sien egen Herrgott nich mehr kennt.
picheln – ausdauernd, gewohnheitsmäßig trinken

Pickdraht, Pickengel, Pickfiester, Pickhingst
Schuster (*Pick* – Pech)

Piependreiher
Zigarrenmacher (wörtl.: Pfeifendreher)

Piepenkopp
Dummkopf (wörtl.: Pfeifenkopf)
Dat hett se doch noch nienich maakt, sä de Piepenkopp, as sien Fru storv.

Piepenschieter, Piepensnieder, Piepgoos, Piepgössel, Piepschiet
schwächlicher, ängstlicher Mensch
Vun 't Lege so wenig as möglich, sä de Piepenschieter, dor heiraadt he 'n lütte Fru.

Piesacker
Peiniger; Teufel
De ole Piesacker hett 'n Gesicht, as wenn in de Höll Johrmarkt is.
piesacken – peinigen, quälen

Pieschbüdel, Pieschbüx
abfällig für Mädchen (auch wertneutral)
pieschen, pieschern – pinkeln

Piesepampel
fieser, unangenehmer Mensch
De Piesepampel schall sick man wohren, he hett bi mi noch wat in Suur – eine unbeglichene Rechnung.

Pietjer
kleiner, unbedeutender Mensch
Wohr di, du Pietjer, ick spee di in de Ogen, dat du versüppst!

Piffer, Piffkopp
Mann, den man nicht ernstnimmt, auch: kleiner Hund
Den Piffer hau ick een an 'n Kopp, dat he Backsteen spütt.

Pillendreiher
Apotheker
Allens wat goot rüükt, kummt vun mi, sä de Pillendreiher, dor harr he in de Büx scheten.

Pilster
unangenehmer, widerlicher Mensch; unartiges, freches Kind [Angeln]
Laat di man keen Mehlbüdel in de Mööt kamen, du ole Pilster!

pilsterig – eigensinnig, widerspenstig

Pindelkramer
Kleinkrämer, Höker [Flensburg]
Pindelladen – Hökerladen

Pingelputt
überkorrekter Mensch
De Pingelputt tellt de Arfen op 'n Teller, ehr he se itt.

pingelig – kleinlich

Pingstoss
Mensch, der sich übertrieben aufputzt (wörtl.: Pfingstochse)
Tier di man nich so, du Pingstoss, du büst ook man mit 'n boren (nackten) *Moors to Welt kamen.*

Pinkepank
Schmied

Pinnhund, Pinnsuger
Geiziger
De Pinnhund is ook vun Nehmerow un nich vun Geberow – er ist vom Stamme Nimm.

pinnig, pinnsulig – geizig

Pinsel
eitler Mann
Dunnerwetter, Nees, Nees, wat maakst du för 'n Angesicht, sä de Pinsel, dor keek he in 'n Spegel.

Pinselbuck, Pinselquäler
Maler
He is 'n kloke Maler, düsse Pinselbuck, geraadt em de Engels nich, denn maakt dor Düvels ut – er weiß sich zu helfen.

Pintlutscher, Pintsuger
Homosexueller (*Pint* – Penis)

Pinussel

kleiner, schmächtiger Mensch [Angeln]
Gah hen un staak Bottermelk to Böhn, du Pinussel!

Pissbekieker

Arzt, Heilpraktiker, Apotheker (wörtl.: Urinbeschauer)

Pissbekieker

Pissbüdel

Mensch, der das Wasser nicht halten kann; Bettnässer
De ole Pissbüdel kann eenfach nich dichtholen.

Pisser, Pissgesicht, Pissnelk(e), Pissputt, Pissputtswenker

stark abfällig (besonders unter Kindern)
Dat segg ick di, du Pissgesicht, för mi büst du 'n ole → *Schiet* – schlechter Kerl.

Pissputtswenker

Krankenpfleger(in)

Pjalt

Lump [Angeln] (dänisch *pjalt* – lumpig)
De Pjalt is dat nich weert un rüken an, wat ick scheten heff.

Plaasterkaker, Plaasterstrieker

Apotheker, Quacksalber (wörtl.: Pflasterkocher, -streicher)

Plappergatt, Plappergoos, Plapperkatt, Plappermöhl, Plappermuul, Plappersack, Plappertasch, Plapp-op 'n-Scheet

Angeber, Dauerredner
Plappergatt, gah to Stadt, kööp di 'n Sack vull Fiegen, denn kannst du beter swiegen.
Geplapper – Geschwätz
plapperig – redselig
plappern – viel und unbedacht reden

Plättbrett

flachbrüstige Frau
Op dat Plättbrett kannst na Amerika surfen.

Plattfoot, Plattkopp

dummer Mensch
De Plattkopp kümmt wull ut Dummsdörp.

Plätthusoor

Arbeiterin in Wäscherei und Reinigung

Plieroog, Plinkoog, Plinkputt
Mensch, der dauernd mit den Augen zwinkert
Dat Plieroog knippt mit de Ogen as 'n Hehn, de in de Sünn steiht.

Plietikus, 'n Plietschen
Pfiffikus (aus: Politikus)
Dat is 'n ganzen Plietschen, de is dreemol dör de Nees bohrt.
plietsch – schlau, pfiffig, weltgewandt
Plietschigkeit – Pfiffigkeit
swien(s)plietsch – Steigerung von plietsch

Plöger
Mensch mit unleserlicher Handschrift (aus *plögen* – pflügen)
De Plöger hett nix as Ulen un Kreihen maakt, dat Gekrakel kann keen Swien lesen.

Ploog
Sippschaft, Bande, Pöbel (ursprüngl.: Arbeitsgruppe, die gemeinschaftlich eine Arbeit, etwa beim Deichbau, verrichtet)
Bi de Ploog hangt de Heringssteert an de Deek, un all lickt se sick doran satt.

Plöterbüss, Plötermöhl, Plötersack, Plötertasch
Quasselstrippe (besonders von Kindern)
De Mund geiht bi düsse Plöterbüss as 'n Lämmersteert.
Plöter – schwatzender Mund
plöterig – plapperig
plötern – ununterbrochen reden, lallen

Plumm(en)höker, Plumm(en)knieper
Gewürzhändler, Kolonialwarenhändler

Plumm(en)steenschieter
Bewohner Angelns (aus der Sicht der Bewohner Schwansens)
Angeliter Plummsteenschieter, Köstenbieter.

Plumm(en)strieker
Schmeichler
Wohr di, de Plummenstrieker is glatt as 'n Aal – er wird sich überall durchwinden, ist nicht zu packen.

Plumpsack
dicker, unförmiger Mensch
De Plumpsack hett 'n Achterkastell as 'n Sleswiger – Hintern wie ein Schleswiger Kaltblut (Pferderasse).

Plünnbüdel
oberflächlich arbeitender Mensch
De Plünnbüdel plöögt nich deep.

Plünnenbuur
(kleiner) Bauer mit heruntergekommener Wirtschaft
Dat kümmt all wedder, sä de Plünnenbuur, dor foder he sien Swien mit Speck.

Plünnenhauer, Pluntenhauer
zerlumpter, schmutziger Mensch
De ole Plünnenhauer schull sick nödig mol 'n nien Butenminschen anschaffen – sich neu einkleiden.

Plünnenhöker, Plünnenrieter
Textilverkäufer

Plünnenjakob, Plünnenkeerl, Plünne(n)mann
Lump; Lumpensammler
Aller Anfang ist schwer, bloots nich bi den Plünnenkeerl, de geiht mit 'n leddigen Sack loos un kummt mit 'n vullen wedder na Huus.

Plünnenschooster
Schneider

Plünnenstöter
Weber

Pluusterback, Pluusterjan
Dickbacke, aufgeblasener, eingebildeter Mensch
Laav di man sülben, du Pluusterjan, anner Lüüd doot 't doch nich.

Pocher, Pucher
polternder, prahlender, scheltender Mensch
Pochers un Prahlers sünd noch lang keen Fechters – Hunde, die bellen, beißen nicht.
pochen – großsprechen
pochig, pockig – prahlerisch

Polkamadam
vergnügungssüchtige Frau
De Polkamadam hett nix as Kino un so 'n Heidudelkraam in 'n Kopp.

Pomadenheini
geleckter Mann, Angeber
Düsse Pomadenheini speelt to un to geern den groten Christoffer.

Pooks, Pöök(s), Porks, Purks
kleiner, untersetzter Mann, Dreikäsehoch
De Pooks is man 'n fuusthooch höger as 'n Swienegel.

Poppenspeler
Narr, Hanswurst; Puppenspieler
De Poppenspeler kickt so nerig (begierig) op sien Teller as 'n Meckelnborger Oss op 'n Bund Stroh.

Postbüdel
Briefzusteller, Postbote
Een kann nich an allens denken, sä de Postbüdel, dor vergeet he den Postsack.

Praatjer, Praatjenmaker, Praddelbroder, Praddelmoors, Praddelpreester
Schwadroneur, Stammtischpolitiker
De ole Praddelmoors sabbelt ook bloots Eck-fick-muck – unsinniges Zeug.
Praat – Gerede, Geschwätz
Wat hett de Keerl för 'n Praat! – wie kann er schwatzen!
praddeln, praten, pratern, pratjen – schwatzen, plaudern
pratjhaftig – redselig, geschwätzig

Pracher, Pracherkeerl
zudringlicher Bettler, Landstreicher, Habenichts
Leben un leben laten, sä de Pracher, dor sett he de Luus op 'n Tuunpahl.
prachen, prachern – betteln
Pracherie – Bettelei
pracherig – armselig

Pracherdeern, Prachergöör, Pracherhans, Pracherkind
fortwährend drängelndes, bettelndes Kind
De Pracherdeern sauelt un dibbert so gresig – sie quakt und nörgelt immerzu.

Prachermuskant
armseliger Musiker, (bettelnder) Straßenmusikant
Platz dor, sä de Buur to 'n Prachermuskanten, dor kann 'n Minsch sitten!

Pracherpack
Gruppe von Bettlern
Bi dat Pracherpack föhrt Johann Mangel un Peter Knapp dat Regiment – es geht dort sehr knapp zu.

Prahler, Prahlhans
Großsprecher, Prahlhans
De dullsten Prahlers sünd de slechtsten Betahlers.
Prahl – Angeberei, Aufschneiderei
Dat is nix as Puch un Prahl bi em.
prahlen – schreien, laut reden, sich rühmen

Preckelnbreker
streitsüchtiger Mensch (*Preckel* – Stachel, spitzes Hölzchen zum Zustekken der Wurstenden)
Wohr di, du Preckelnbreker, anners kriggst glieks wat ut de Armenkass – beziehst du Prügel.

Preckelsnieder
kleiner, unbedeutender, auch geckenhafter Mann
De sien Nees afsnitt, schändt sien Angesicht, du Preckelsnieder.
preckelsniederig — geckenhaft

Preester
Klugschwätzer, Fabulant (eigentl.: Priester)
De ole Preester maakt egaalweg Quanten — Ausflüchte, Redensarten.
preestern — schwatzen, salbungsvoll reden

Preithahn, Preuthahn
eingebildeter Mann, Geck; kurzangebundener Mensch; Person, die sich
leicht aufregt
De Preithahn maakt vun 'n Handvull Mist 'n Föder Gestank.

Preudel
dickes Kind (eigentl.: großer, dicker Nagel) [Angeln]

Priembüdel
gedankenloser Schwätzer; Waschlappen
De Priembüdel is 'n Keerl as 'n natt Handdook, den kannst man so utwrin-
gen.
priemen — irre reden, albernes Zeug reden, faseln; grübeln, sinnieren
priemig — wunderlich, besonders von alten Menschen

Priemelputt
in sich gekehrter, unbedarfter Mensch, allgemein abfällig
Büst woll in 'n drütten Himmel to Peerstallmisten, du Priemelputt? — wo
bist du mit deinen Gedanken?

Prinz-Mager
magerer Mann
De Prinz-Mager süht ut as 'n hölten Jesus — sehr mager.

Probenreiser, Probenrieder
Handlungsreisender

Promüschen, Promüschenpreester
zarter, schwächlicher Mensch, Stubenhocker, Duckmäuser
De Promüschenpreester freert, dat em de Boort kruus steiht.
promüschig — unansehnlich

Proosbüdel, Prooskopp
Mensch, der bei der Arbeit nicht vorankommt
Schasst di man de Fingers vergolden laten, du ole Proosbüdel.
prosen — umständlich arbeiten
prosig — unordentlich, unregelmäßig
Prooskraam — Unordnung, schlecht organisierte Arbeit

Propp
kleiner, dicker Mensch (eigentl.: Pfropfen)
Pass man op, mit so 'n Proppen as di, hebbt wi fröher Football speelt.

Proppensnieder, Proppentrecker, Proppkopp
Dummkopf
Gottloff för hier, sä de Proppkopp, dor wusst he nich, wo he weer.

Proscheckenmaker
einer der Luftschlösser baut, unruhiger Geist, der immer etwas Neues will
De Proscheckenmaker hüppt egaalweg rüm as 'n Fort in leddern Büx –
kommt ebensowenig zur Ruhe wie ein Furz in der Lederhose.

Proscheck – Projekt
proschecken – schaffen, ausrichten

Provinz-Idiot
Kraftfahrer aus dem Kreis Pinneberg, nach dem KFZ-Kennzeichen PI

Pruddellieschen
nachlässig arbeitende Frau (*pruddeln* – Fehler machen, pfuschen)
Gediegen, seggt dat Pruddellieschen, nu heff ick dreemol afsneden, un is jümmers noch to kort.

Prükenmaker
Frisör (eigentl.: Perückenmacher)

Prüntjerbüdel
langsamer Esser (eigentl.: *Prüntjer* – Kautabak)
Langsam mit de Backen, langsam op de Hacken, so is dat bi so 'n Prüntjerbüdel.

Prüünbüdel, Prüünfiek, Prüünliese, Prüüntasch
Mädchen, das unordentlich näht
prünen – grob zusammennähen
Se prüünt dat Tüüg man mit 'n glöhnige Nagel tosamen.
Prünerie – schlechte, stümperhafte Näharbeit
Prüünkraam – verzwickte Arbeit

Puckelmann, 'n Pucklige(n)
Buckliger, verwachsener Mensch
De hett sien Kass ümmer bi sick, de Puckelmann.

Pultenhauer, Pulterjaan, Pulthingst
zerlumpter Mann; armseliger Mensch (*Pulten, Pultern* – Lumpen, Fetzen)
Wat de Pultenhauer op 't Liev driggt, dor magst nich mol mehr 'n Feudel vun maken – eignet sich nicht einmal zur Verwendung als Wischlappen.

Pulterbrook, Pulterjaan, Pulterpass
Polterer

Pulterlieschen

ungeschicktes Mädchen

Allens kann angahn, bloots dat nich, sä dat Pulterlieschen, dor harr se sick sülms in de Nees beten.

Pulverhex

alte Frau [Angeln]

Pulverhexen sünd taag (zäh) *as Katten, wenn man se vun 'n Torn rünnersmitt, fallt se lebennig daal.*

Pummel

kleines, dickes Kind, wohlgenährter Mensch

pummeldick, pummelrund – mollig

Puschigruschi

unfähiger, ungepflegter Mann

De Puschigruschi kummt vun 'e Quint op 'e Quant – redet Unsinn.

Pussel

Mensch, der einfache Arbeit verrichten muß, Aschenbrödel

Püselie, Pusselarbeit – leichte, unwichtige Arbeit

püseln, pusseln – geschäftig sein, ohne etwas zu schaffen

Püseler, Pusseler – langsamer, stümperhafter Arbeiter

Puttfarken

schmieriger, schmutziger Mensch

Dat Puttfarken is so smerig as ick weet nich wat – unausprechlich schmutzig.

Püttjer, Püttjergrütt, Püttjerklaas

langsamer, kleinlicher, pedantischer Mann (eigentl.: Töpfer, Ofensetzer, Fliesenleger)

Beter 'n ool Kachel as gor keen Aben, sä de Püttjer, dor heiraadt he 'n Ole.

pütterig, püttjerig – pedantisch, kleinlich, penibel, zimperlich, wunderlich, etwas verdreht

Püttjerkraam – kleinliche Arbeit

püttjern – sich mit Nebensachen aufhalten, zwecklos herumhantieren

Putt(en)kieker, Püttenkieker

Topfgucker, neugieriger Mensch

Lever 'n Fleeg in de Supp as gor keen Fleesch, du ole Puttenkieker!

Putt(en)kieker

Puttlicker, Puttslicker

naschhafter Mensch

Puttslickers will ick in mien Köök nich hebben, sä de Fru, dor hau se ehr Swien een mit den Sleev (Rührlöffel) *vör den Moors.*

Puttschraper
Geizhals, der die Reste aus den Töpfen kratzt
Puttschrapers kamen nich in 'n Himmel.

Putt-un-Pann, Pütt-un-Pann
ambulanter Haushaltswarenhändler (eigentl.:
Hausstand)

Putz, Puutz
Polizist

Putzbüdel, Putzer
Barbier

Putzenmaker(sch), Putzenrieter
Possenreißer, Spaßmacher; Betrügerin, Ver-
leumderin; Putzmacherin
De Putzenmakersch maakt veel Gewitter –
viel Aufhebens.

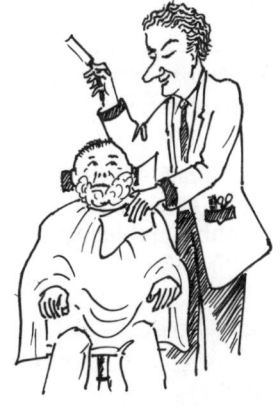

Putzbüdel

Putzlaputz
Faktotum, Mann, der alle anfallenden Arbeiten verrichtet

Puuchlappen, Puuchlapper, Puuklapper, Puuplapper
armseliger Mann, Habenichts; Geizhals
*De Puuchlapper leevt as in 'n Himmel, dor ward ook nich eten un nich
drunken.*

Puups, Puupsack
kleiner oder geringgeachteter Mensch (wörtl.: *Puups* – Furz)
*Harrst du mien Geld un ick dien Verstand, denn harrn wi beide nix, du
Puupsack.*

Puus
schlampige Frau (wörtl.: Vulva)
De Puus is rennlich, so wiet as se mit de Tung recken kann.

Püüster
langweiliger, schlafmütziger Mensch
Treck man hooch (den Nasenschleim), *du ole Püüster, morgen ward de
Botter dürer.*

Puut
eingebildetes Mädchen, zickige Frau (wörtl.: Pute)
De ole Puut danzt as 'n hölten Zeeg – stellt sich an.

Q

Quäälgeist, Quäler
Quäler, Plagegeist
Steek den Quäälgeist den Dumen in 'n Moors un dreih em endlich dat Hart af – bring ihn zum Schweigen.

Quabb, Quabbel, Quabs
aufgedunsener, unbeholfener Mensch, besonders: dicker, pausbackiger Junge
Wat 'n sülver itt, smeckt ümmer an 'n besten, seggt de Quabs.
quabbelig, quaddelig, quarrelig – weichlich anzufühlen; voller Pickel
quabbendick, quabbenfett, quabbig – unmäßig dick, fett, aufgedunsen
Quabbenkopp
dummer, häßlicher Mensch (wörtl.: Aalquappenkopf)
De Quabbenkopp hett Ohren an 'n Kopp, de hett sien Vadder vergeten umtosömen – sehr große Ohren.

Quackeler
unbeständiger Mensch
Den olen Quackeler sien Snackeree langt bet Troddel un een.
Quackelee, Quackelkraam – leeres Gerede, Schnickschnack
quackelig – unbeständig, unzuverlässig
quackeln – schwatzen, krächzen; sich kränker stellen, als man ist; pfuschen, trödeln
Quacksalver
Kurpfuscher
Quant
Windbeutel, Schalk (eigentl.: Tand)
Schiet di man nich in 'n Tüffel, du Quant!
Quarkbüdel, Quarkputt
Nörgler, Pedant
De Quarkbüdel maakt 'n Gesicht, as wenn em de Petersill verhagelt is.
quarken – nörgeln
Quarkerie – Nörgelei, Streit
quarkig, quarksig – mürrisch, verdrießlich
Quarrbüdel
mürrischer, weinerlicher Mensch
De Quarrbüdel treckt 'n Snuut, as wenn de Höhner em de Botter vun 't Broot freten hebbt.
Quarr – Wertloses, Geringfügiges
Dat sünd all Quirren un Quarren – überflüssiges Gerede.
quarrig – mürrisch, verdrießlich

Quasselbüdel, Quasselhans, Quasselhinnerk, Quasselkopp, Quasselmeier, Quasselpeter, Quasselputt
Dauerredner, Faselhans
De Quasselkopp rötert as 'n Mettwust, de an beide Enn apen is.

Quasselie, Quasselkraam, Quasselwark – Geschwätz
quasseln – dummes Zeug reden, faseln, schwatzen

Quast
alberner Mann, Einfaltspinsel
Gah hen un plück Steerns un vergeet den Maand nich, du Quast!

Quatschbüdel, Quatschkopp, Quatschpeter
Zungendrescher, Vielredner, jemand der überall mitredet
De Quatschkopp snackt söven lang un söven breet – ohne Ende.

Quatsch – dummes Gerede, Unsinn
quatschen – Unsinn reden, schwatzen

Queekbuur
nachlässiger Bauer (der Quecken auf seinem Land duldet)
Wenn ick nachts goot slapen schall, sä de Queekbuur, mutt ick daags mien Ruh hebben, dor kreeg he sick 'n Middagsslaap.

Queek(en)puker, Queek(en)puler
Gärtner (wörtl.: Queckenzupfer)

Queesbartel, Queesbüdel, Quees(en)kopp, Queespeter, Queesputt, Queser
mürrischer, nörgelnder Mensch, Querkopp
Gah hen un stopp de Kuunhöhner (Puten) *de Strümp, du Queesbüdel, denn hest Arbeit!*

Queeskraam, Queserie – Nörgelei
quesen – nörgeln
quesig – wunderlich, unwirsch, mürrisch, mißlaunig, nörgelig

Quengel, Quengelputt, Quengelstine, Quengeltrien
Nörgler, weinerlicher Mensch
De ool Quengelputt maakt 'n Muul as 'n Koh, de schieten will.
quengelig – unzufrieden
quengeln – nörgeln, drängen

Querbüdel, Querkopp
Querulant
Pass op, du Querbüdel, kriggst glieks een an de Freet, dat du söven Dörper un een Kark sühst.

Quicksteert
unsteter, unruhiger Mensch (eigentl.: Bachstelze)

An den Quicksteert is keen Farv antokriegen (weil er nicht lang genug stillhält).

quicksteerten – sich unruhig bewegen

Quidips

Knirps, kleiner Junge

Oolt un gries kannst warrn, man nich frech, du Quidips!

Quitt

Sonderling

De ole Quitt hett woll sien fief Swien nich tosamen – seine fünf Sinne.

Quoser

Mann, der unmanierlich und gierig ißt

De Quoser fritt, dat em de Gröönkohl to de Ohren wedder ruutkummt.

R

Raasterer, Raasterkeek, Raastermuul, Raastertasch, Raastertrien

Plauderer, Schreier, Klatschweib

Ja, wenn, ja, wenn, du ole Raasterkeek, wenn dien Grootmudder Rööd harr, weer se 'n Omnibus.

raastern – andauernd sprechen, schwatzen

Rabauk(e)

ungeschliffener Kerl, Grobian, Halbstarker; unartiges Kind (aus französisch *ribaud* – Leichenfledderer, Hurenbock)

Kriggst glieks wat lang de Rabatten, du Rabauk! – Schläge an den Kopf.

Racker

frecher Mensch, Flegel, ungezogener Bengel; verschlagener, tückischer Mensch; Schelm, Schalk, drolliger Kleiner (ursprüngl.: Schinder, Abdecker)

Man jümmers sinnig, sä de lütt Racker, dor schull he wat achterop hebben.

Rackerie – Durchfall, Ferkelei, schwere Arbeit

rackerig – unsauber, erbost, zornig

rackersch – boshaft, schlecht

Rackerdüvel

Putzteufel

Rackertüüg, Rackervolk

schlimme Gesellschaft, Bande

Dat is 'n Rackertüüg as fule Eier un stinkende Botter.

rackerpatzig – widerspenstig

Raffmichel
Habgieriger
De Raffmichel is een vun Hemmdörp (Wortspiel mit *hebben* – haben) – er muß alles besitzen.

raffig, raffsch – raffgierig, gewinnsüchtig

Ragaat, Regatt
großer Mensch [Flensburg, Angeln]
So 'n Ragaat vun Fruunsminsch, sowat leevt nich op 'n böwelsten Böhn.

Rammler
Mann mit häufigem Geschlechtsverkehr (wörtl.: Hasen- oder Kaninchenbock)
Wenn 't nich is, denn is 't nich, sä de Rammler, denn maak ick de Büxenklapp wedder to.

rammeln – sich paaren

Rammsnuut
Mensch mit unförmigem Gesicht
As de leve Gott de Nesen verdeelt hett, hett düsse Rammsnuut tweemol 'ja‹ prahlt.

Rand
gemeine Person, schlechter Mensch; bockiges, ungezogenes Kind
De Rand hett 'n loset Muul un wackelige Tähn!

Randschooster
zänkische Frau (eigentl.: Schuster, der auf Rand arbeitet, also das Oberleder an den Rand der Sohlen näht)
Wenn du so 'n Randschooster in 't Huus hest, kannst de Rottenfall geern to Markt dregen.

Rangelrick
langer, dünner Mensch (eigentl.: Rank-Gestell)
As 'n Hunnenhütt, düt Rangelrick: in jede Eck 'n Knaken.

Rantantersch
streit- und lärmsüchtige Frau
De Rantantersch hett ook 'n Muul, wo keen Spinnwebb vör kümmt.

rantantern – laut schwatzen

Rapp
Pöbel, Brut
De ganze Rapp ward noch mol mit den Düvel in de Höll danzen.

Rappelboort, Rappelbüdel, Rappeldoos, Rappelgatt, Rappelkeek, Rappelkoor, Rappelkutt, Rappellock, Rappelmöhl, Rappelmoors, Rappelmütz, Rappelmuul, Rappelputt, Rappelpuus, Rappelsnuut, Rappelsüster, Rappeltähn, Rappeltasch, Rappeltrien, Rappelwiev
Quasselstrippe
Dor is keen Slott un keen Klemm in, wat düsse Rappeldoos seggt.

rappeln – schnell und unverständlich reden

rappelig, rappelsch – geschwätzig; verrückt

Rappelkopp
jähzorniger, aufgeregter Mensch

Ick höör de Möhl woll mahlen, man ick seh keen Mehl, du Rappelkopp! –
ich höre dich wohl sprechen, aber verstehe den Inhalt deiner Rede nicht.

rappelköppsch – cholerisch

Rappmuul, Rappsnavel, Rappsnuut
vorlauter Wichtigtuer, naseweiser Mensch mit losem Mundwerk

Fraag mien Vadder, du Rappmuul, de kann jüst so goot legen as ick.

rappmulig, rappsnutig – vorlaut, frech anwortend

Rasmus, Rasselmoors
forsche, arbeits- und herrschsüchtige Person; liederliche, unordentliche Frau

*Ick heff dat al mol versöcht, man dat nützt nix, sä de Rasmus, as se fraagt
worr, worüm se ehr schietige Kinner nich wascht.*

Rasselbann
lärmende Bande; Gelichter, schlechtes Volk

Räuber
Schlingel (auch von kleinen Kindern); Gauner, unehrlicher Mann

*So, nu to Bett mit di, du Räuber, un angenehme Ruh un keen Splittern in
'n Moors!*

Räuberpack
Gesindel

Dat Räuberpack wahnt in de Tolangerstraat Nummer Nimm.

Raudi, Roffdi
Raufbold, Halbstarker (auch: scherzhaft von Kindern)

Op hele Huut kann de Raudi nich slapen – ohne eine regelmäßige Abrei-
bung ist sein Leben nicht ausgefüllt.

Rechtsverdreiher
Rechtsanwalt

*Segg mi man de reine Wohrheit, sä de Rechtsverdreiher, dat Legen will ick
woll doon.*

Reck, Rick(s)
langer, dünner Mensch (wörtl.: Latte, Stange)

*Wat is dat för 'n lang Reck, wenn se vundaag natte Fööt kriggt, hett se
över veertein Daag eerst Snööf* (Schnupfen).

Redaller
übergroßer Mensch (besonders von Frauen) [Angeln]

Dat Fruunsminsch is so 'n Redaller, as 'n Lohdöscher (Scheunendrescher)
so groot.

Reekamm
keifige, herrschsüchtige Frau (eigentl.: Scheidekamm am Webstuhl)
De ole Reekamm schimpt över Dag un schimpt ook, wenn se dröömt.

Reff
häßliche oder dumme Frau
Dat Reff hett 'n Gesicht as 'n utpuulten Gannerkopp.

Regenter
Kind, das gern die erste Geige spielt und diesen Anspruch gegebenenfalls
mit Beißen, Kratzen, Schlagen durchsetzt
Pass man op, du lütte Regenter, anners heet dat för di ›b – b – b‹! (bums
büst buten!)

Register
langer, dünner Mensch
Wat is dat för 'n lang Register, süht ut as 'n Sack vull holten Lepels.

Rei
Gerippe, sehr magere Frau
Wenn man dat ole Rei dat Vadderunser an de een Back höllt, kann man 't
op de anner Siet lesen.

Rekel
lang aufgeschossener, plumper, unbeholfener Mann; fauler Bursche; Flegel
Doröver geiht nix, seggt de Rekel, in 't Bett liggen un 'n Botterbroot in de
Hand.
rekeln – sich hinflegeln, faul herumliegen

Rementer
unruhiger Mensch
Den Rementer is woll de Moors to rund, he kann eenfach nich stillsitten.
ramentern, rementern – rumoren, toben

Repeltähn
Klatschbasen beiderlei Geschlechts
De Repeltähn is goot ünner de Tung sneden – hat keinerlei Wortfindungs-
probleme.

Reuster
Wildfang, besonders für lebhafte Kinder
De Reuster is so överlansch (ausgelassen), *dat he bald achtern utsleit.*
reusterig – unruhig, vergnügungssüchtig
reustern – umherschweifen

Rezessersch
rechthaberische Frau
Dat Muul vun de Rezessersch snackt, un de Moors weet vun nix.
Rezess – Gerede
rezessen – viel und unnötig reden

Rick
dumme, häßliche oder zänkische Frau (eigentl.: Ricke, weibliche Ziege)
De Rick schall doch 'n Peerd bieten mit 'n holten Tähn.

Riemelmaker, Riemelschooster, Riemelsmeed
Verseschmied, Dichter

Riesbessen
zänkische Frau (wörtl.: Reisigbesen)
De Riesbessen kreiht rüm as de Hahn op 'n Misthupen.

Rietendaal
schwer zu bändigender Mensch, energische Frau
Düssen Rietendaal kann keen Minsch haltern – im Zaum halten (wörtl.: halftern).

Rietenspliet(er), Rietentwei, Riet-un-Spliet, Rittensplitt
einer, der alles zerreißt und daher stets mit ruinierter Kleidung umherläuft

Rietsticken
Brandstifter (wörtl.: Streichholz), meistens an Vornamen angehängt
Dat is lichter as licht, sä Korl Rietsticken, dor harr he sien Schüün anstaken – (Wortspiel mit *licht* – leicht und hell).

Roggenwulf
grober, fauler, gefräßiger Mann (eigentl.: Korndämon, der sich im langen Getreide aufhält und mit der letzten Garbe gefangen wird)
De Roggenwulf is fuul as 'n Stück Schiet.

Rohmslicker
Leckermaul (wörtl.: Sahneschlecker)
Bi all dat Kokenfreten hett de Rohmslicker den Slötel to sien Moors verloorn – er muß sich erbrechen.

Röhrpeter
unruhiger Mensch (besonders Kind), auch jemand, der nichts fertigbringt
Dreih di, as du wullt, du ole Röhrpeter, de Moors blifft jümmers achtern.

Röhr-um, Röhr-up, Röög-um
Aufrührer (besonders Kind) (wörtl.: Rühr-um)
De Röhr-um is nich ehr tofreden, ehr he wedder 'n Füür anbött (entfacht) *hett.*

Rökelrump
Mann, der sich untätig im Liegen oder Sitzen rekelt
De Rökelrump is nich fuul, he is bloots bang, dat de Arbeit to gau all ward.

Rönnhaspel
Klatschbase, die von Tür zu Tür rennt, um Neuigkeiten zu verbreiten
Sääst du wat, du Rönnhaspel, oder klapperst du mit de Neeslöcker?

Rönnsteenkleier
Bettler (eigentl.: jemand, der den Rinnstein absucht, etwa nach Zigarettenkippen)

Roög-mi-nich-an
unnahbare Person; krittliger, unruhiger Mensch
Ick schiet di glieks wat op 'n Kopp, du Roög-mi-nich-an, denn hest 'n warme Wintermütz.

Röösterputt
schwatzhafte Person
De Röösterputt hett de besten Knaken in 't Muul.
rööstern – ununterbrochen reden

Rosskamm, Rosskämmer
Roßtäuscher, Pferdehändler
Ick stah vör alle Fehler, sä de Rosskamm, dor harr he dat Peerd bi de Toom
(Zaum) – Wortspiel mit dem gleichlautenden *vör* – vor und *för* – für.

Rötelbüx, Röteldoos, Rötelkassen, Rötelkoor, Rötellieschen, Rötelmöhl, Rötelmütz, Rötelputt, Rötelpuus, Rötelwacht, Röterer, Rötersch
Plapperer, Schwatzbase
rötelig – redselig
Fru, drink, dat du duun warrst, denn warrst du rötelig, dat mag ick so geern hebben.
rötern – schwatzen, plaudern

Rottenbieter
bärbeißiger Mensch (wörtl.: Rattenbeißer)
De Rottenbieter freit sick, as wenn em de Katt in de Tasch scheten hett.

Rottenfoot, Rottenkopp
verachtenswerter Mann
Du ole Rottenfoot büst 'n → Keerl as Hans, un Hans is 'n Keerl as → Schiet.

Rottenstaker
Rattenfänger, Kammerjäger

Rotzbengel, Rotzjung, Rotzlepel, Rotznees
unerfahrener, schmutziger Bengel, Lausejunge
Akraat mutt sien, sä de Rotzbengel, dor scheet he meern in 't Bett.

Rövenswien
grober, unangenehmer Mann (wörtl.: Rübenschwein)
Ick smiet di glieks 'n Handvull Fingers in 't Gesicht, du Rövenswien.

Röven-Züchter
Kraftfahrer aus dem Kreis Herzogtum Lauenburg, nach dem KFZ-Kennzeichen RZ der Kreisstadt Ratzeburg

Röver
Mensch mit wildem oder unordentlichem Aussehen; Scheltwort für Kinder (wörtl.: Räuber)
De Röver süht ut, as wenn he dör den Buschhacker (Shredder) *rutscht is.*

Rubber(t)
Kinderschreck, Schreckgespenst (eigentl.: Knecht Ruprecht)

Rucksackbull
Besamungstechniker, Tierarzt

Rudelkopp
Mensch mit ungekämmten Haaren, Struwwelpeter
Pass man op, du Rudelkopp, dat de Kreihn nich kaamt un op dien Kopp 'n Nest boot!

Ruffelwiev, Rufflersch
alte Frau, Klatschbase; Kupplerin
Ick finn to jeden Putt 'n Deckel, sä dat Ruffelwiev, dor harr se de Söög mit 'n Zegenbuck tosamenbunnen.

Ruffert
stümperhafter, flüchtiger Arbeiter
Bi den Ruffert is dat jümmers bloots so 'n Huddeldinuddel – ist flink fertig.

Rule
Wildfang [Angeln: Ruille]
rulerig – unordentlich, wild, fahrig

Rullmops
kleiner, dicker Mensch
Maal den lütten Rullmops geel an, hang em in 'n Boom, un de Maand geiht nich mehr ünner.

Rülps
ungehobelter, unbeholfener Mann
De ole Rülps will noch eerst 'n Minsch warrn.

Rumdriever, Rümdriever
Herumtreiber, Landstreicher, Vagabund, vor allem auch: Mann, der viel Zeit in Kneipen verbringt und trinkt; unfolgsames Kind
Düsse ole Rumdriever, jümmers in 'n Suus un keeneen Dag in 'n Huus.

Rumdriever, Rümdriever, Rumlöper, Rümloper, Ümdriever
Böttcher (weil er den Reifen um die Tonne treibt)

Rumdrieversche, Rümdrieversche
liederliche Frau, Mädchen mit wechselndem Geschlechtsverkehr
*Düsse Rümdrieversche hett de Düvel ook vun de Koor verloorn, un ehr →
Stackel vun Mann hett ehr op de Straat opgrabbelt.*

Rummelpack
nichtsnutzige Leute, Pöbel
Dat Rummelpack dröömt vun sööt Solt un dröög Smolt un iesern Gold –
lebt im Wolkenkuckucksheim.

Rump
Faulpelz (wörtl.: Rumpf)
*Ick will bi 't Eten un bi 't Kortenspelen geern sitten, seggt de fule Rump,
wenn ick bi de Arbeit man liggen kann.*

Rumstrieker(sch), Rümstrieker(sch)
Landstreicher(in)
Bi den Rumstrieker kost allens fief Finger un een Grapsch – er zahlt niemals bar.

Rundmaker
Dreher (Rotwelsch)

Runks
grober und fauler Mann
*Een dörf mit de Arbeit nich so asen, seggt de Runks, anners slitt se noch to
gau op.*

Runkunkel
alte, runzelige Frau
Op dat Gesicht vun de Runkunkel hett de Düvel plögen ÖÖvt.

Runschmichel
Mann, der seine Kleidung stark strapaziert und schnell verschleißt

Runzelpunzel
häßliches, verschrumpeltes Männchen
Üm den Runzelpunzel ward ook keen Deern to 'n → Hoor – läßt Mädchen
nicht schwach werden.

Ruppneger, Ruppsack
gemeiner Kerl
Di schall de Düvel frikasseern, du Ruppneger!

Ruschenplaat, Rüschenplüsch
wilde, ungestüme, unstete Frau (deren *Plaat –* Schürze immer hin und her
rauscht)

*Nu will ick mi heemlich verdrücken, sä de Ruschenplaat, dor stunn se vun
'n Disch op un truck dat Dischdook achter sick ran.*

Ruten-Utspeler
Radaumacher (wörtl.: Kartenspieler, der Karo ausspielt)
He speelt Ruten ut – er zerstört alles (Wortspiel mit *Ruten* – Fensterscheiben).

Rüter
wildes Mädchen, unbändiges Kind (ursprüngl.: Reiter)
Dat is ook nich allens Spökels, wat in den Rüter sien Kamer geiht – in
ihrem Zimmer verkehren nicht nur Spukgestalten.

rüdern, rütern – wild spielen, toben

Ruuchbeen, Ruuchfoot, Ruuchhans, Ruuchklaas
Rauhbein, ungeschliffener Patron
*Dat Ruuchbeen mutt eerstmol düchtig wat op de Hörn kriegen, denn schickt
he sick.*

Ruuchpudel
Krauskopf
*Dat mark di, du Ruuchpudel: kruse Hoor, krusen Sinn, dor sitt de Düvel
dreemol in!*

Ruuchsnuut
unrasierter Mann; Lästermaul
De Ruuchsnuut löppt rüm as 'n Kaktus.

Ruuchwarker
unordentlicher Arbeiter; Dachdecker; Landwirt, der nachlässig wirtschaftet
*Wer op Reisen will, mutt vörwarts, sä de Ruuchwarker, dor full he vun 't
Dack.*

Ruumschöttel
starker Esser (der die Schüssel räumt)
De Ruumschöttel is 'n → Beest bi 't Briefatt – nur tüchtig im Essen.

S

Saalhund
allgemein abfällig (wörtl.: Seehund)
*Verdüdelumdei, wenn ick den Saalhund bloots mank de Fingers kriegen
kunn, de schull sien blauet Wunner beleven!*
Saalhundsqualster – Qualle (wörtl.: Seehundauswurf)

Sabbelboort, Sabbelbüdel, Sabbelhannes, Sabbelklaas, Sabbel-kopp, Sabbelmoors, Sabbeloolsch, Sabbelputt, Sabbelsnuut, Sabbeltrien
Quasselstrippe
Bi den Sabbelklaas geiht dat Muul, as wenn he 'n Aantenmoors versluckt hett.

Sabbermichel
Mann, dem der Speichel aus dem Mund läuft

Sack, Sackgesicht
verachtungswürdiger Mann
Pass op, du Sackgesicht, anners kriggst glieks een an 'n Schandudelkasten
– Schlag an den Kopf.

Saftbüdel, Saftnees, Saftsack
allgemein abfällig, Schwächling, kraftloser Mann; Widerling
De Saftbüdel ward bloots vun sien Manschester-Büx tosamenholen.

Salterputt, Saltertrien
Person, die sich stets besudelt
De Salterputt süht ut as 'n → Söög, de in 'n Klackermatsch wöhlt hett.
salterig – schmutzig

Sandhaas
Infanterist (wörtl.: Sandhase)

Sansel → Zansel

Sappkeek
Rotzmaul; Phrasendrescher
Snackst du mit mi, du Sappkeek, oder geiht di dat Muul man so?
sappkeken – schwatzen, räsonieren
sappkekig – geifernd, Schleim absondernd

Sappmuul
streitsüchtige, keifende Frau
De Hoor, de dat Sappmuul op 'n Kopp fehlt, hett se op de Tung.

Satan, Satansaas, Satansbengel, Satansesel, Satansjung, Satans-wiev
herrischer oder zänkischer Mensch
Klei mi doch an de Fööt, du Satansaas!

Sauler
Nörgler am Essen, schlechter Esser
Düsse Sauler kümmt mi nich wedder an de Krüff, denn ick segg jümmers: Beter 'n Swien ünner de Disch as baben de Disch.
sauelns – geifern, schwatzen

Sauster(sch), Sausterbüdel, Sausterbütt, Sausterfiek(en), Sausterkassen, Sausterkatrien, Sausterkeek, Sausterklaas, Sausterkoor, Sausterkruuk, Sausterlieschen, Sausterliese, Sausterlock, Saustermichel, Saustermuul, Sausterputt, Saustertasch, Saustertrien

Klatschbase beiderlei Geschlechts, Schwätzer(in), Quatschkopf

Hool dien Boort, du Sausterbüdel, anners lehr ick di Moritz – Mores (Anstand).

Sausterie – Geschwätz

saustern – schwatzen, klatschen

Schaambüdel

verschämter, äußerst zurückhaltender Mensch

De Schaambüdel kann di nich liek in de Ogen kieken un de Klöör schütt em al in 't Gesicht, wenn du bloots ›Moin‹ to em seggst.

schaambüdelig – schamhaft

Schaap, Schaapsbüdel, Schaapskopp

Dummkopf; schüchterner Mensch

Beter 'n Aap as 'n Schaap – lieber Geck als Dummkopf.

Dat deit mi nich leed, dat ick 'n Schaapskopp bün, aver dat ick mi dat vun so 'n Schaapskopp seggen laten mutt, dat deit mi leed.

schapig – dumm, weltfremd, schüchtern; feige

Schabrack

alte oder aufgedonnerte Frau (eigentl.: verzierte Satteldecke, aus türkisch *tschaprak*; Schabracken dienten neben der Zierde gelegentlich auch dazu, die Magerkeit eines Pferdes zu verhüllen, entsprechend auch auf menschliche Kleidung übertragen)

So is dat bi düsse Schabrack: vun buten fix, vun binnen nix!

Schabülk, Schabülkenkopp

Mensch mit abstoßendem Gesicht, häßlicher Mensch (eigentl.: Maske, Larve)

Hau den Schabülkenkopp man fix wat vör de Bless (Stirn), *dat schändt em ook nich mehr.*

Schachtbroder

Landstreicher, Bettler (der mit einem *Schacht* – Stock geht)

Schaffangel, Schawangel

allgemein abfällig

De ole Schawangel döggt doch mit sien ganzen Himphamp (Kram) *rein gor nix.*

Schandarm

Polizist, Gendarm

Hölpt nix, mien Peerd is blind, sä de Buur, as de Schandarm em andunner, dat 'n avends 'n Lanteern an 'n Wagen hebben mutt.

swatte **Schandarm** – Pastor

Schanddeern, Schandwiev
Prostituierte
Namens kann ick mi nich goot marken, sä de Schanddeern, treck de Büx
man daal, denn weet ick, wat wi uns kennt.

Schandmuul, Schandplaaster
verleumderischer Mensch, Lästerer
Dat Schandplaaster mutt mol dat Muul mit gröne Seep schier maakt
warrn (nach der Sitte, Kindern, die Unanständiges geäußert oder gelogen
haben, den Mund mit Seife auszuwaschen)
schandplaastern – verleumden

Schandudel
Schwätzer (*Schandudel* – Spaß, aber auch Kopf)
Den Schandudel sien Muul is vergnöögt, wenn 't Nacht is – er redet viel,
wenn der Tag lang ist.

Scharn, Scharnskeerl, Scharnsminsch; Scharnslüüd
schlechter Mann, Schurke (*Scharn* auch: Kuhfladen, Kehricht, Nachge-
burt bei Tieren, Gedärm)

Scharpbüx
Frau mit ausgeprägtem Sexualtrieb
Bi düsse Scharpbüx ward dat Bett nich koolt – sie hat viele Liebhaber.

Scharteek
ältliche, häßliche Frau (ursprüngl.: altes, wertloses Buch)
Wenn de ole Scharteek in 't Water kickt, krepeert de Fisch.

Scharunkel, Scharunzel
runzlige, alte Frau
Jan-Klapperbeen fiddelt de ool Scharunzel al vör den Moors – sie hat
nicht mehr lange zu leben.

Scheefbeen, Scheeffoot, Scheefhack
krummbeiniger Mensch
Dat Scheefbeen geiht so krumm as de → *Pennschieter ut Hamborg.*

Scheefboort
Griesgram
De Scheefboort süht ut, as wenn he teihn Putt Müüs opfreten harr un harr
faat op de ölmte – und hätte sich das elfte Gefäß vorgenommen.

Scheefmuul, Scheefoog, Scheefpoot, Scheefsnuut
allgemein abfällig, meistens auf eine tatsächlich vorhandene körperliche
Auffälligkeit bezogen

Scheelkieker, Scheeloog
Schielender

Wenn dat Scheeloog in de Stalldöör kickt, ward de Kalver blind.

scheelöögt – schieläugig

scheelsüchtig – neidisch

Scheelteek
Scheinheiliger, Blender
Schiet de Wand langs, denn meent de Buur, dat blitzt, du Scheelteek!

Scheerbüdel
Barbier

Scheet
kleiner Knirps (wörtl.: Scheiße)
Dat is man 'n lütten Scheet vun Keerl, de is nich vun 't grote Enn afsneden.

Scheetangel
dreckiger Mann
De ole Scheetangel hett sick mit Water un Seep vertöörnt (erzürnt).

Scheethack, Scheetoog, Scheetstevel
scheußlicher Kerl, Widerling, Scheißkerl
Bi den Scheethack geiht dat ümmer bu un ba – er ist grob gegen alle.

Scheetmonarch
Bettler, Handwerksbursche

Schell(en)bieter
Krüppel, häßlicher Mensch (eigentl.: Name verschiedener Käferarten, etwa Mistkäfer, Küchenschabe)

Schellfischoog
Mensch mit großen starrenden Augen

Schelm
Schelm, Spaßmacher; Betrüger
De Buur is 'n Schelm, un wenn he ook slöppt bet Middag.
Schelmenstück, Schelmkneep – Schelmenstreich, Schelmerei
Schelmletz – der letzte beim Essen

Scherenslieper
Mensch mit losen Mundwerk; Scherenschleifer
De Scherenslieper hett 'n Muul an 'n Kopp, dor kannst 'n schietige Büx in spölen.

Schesterbüdel, Schesterbüx
Mensch, der überall herumläuft, Hansdampf (*schestern* – laufen, eilen)
Terpentin in de Kaffekann! De ole Schesterbüx hett hier ook wedder dat ünnerst na baben kehrt.

scheve Dree
lächerlicher Mensch, Schießbudenfigur
Kiek di de scheve Dree an, dat is di 'n armen Kröpel, hett man acht Fingers un twee Duums!

Schevendeckel
boshafter Mensch, der seinen Mitmenschen gern Schaden zufügt
scheevsch, schöövsch – schäbig, minderwertig
He is so scheevsch as 'n Preesterteev – wie eine Pastorenhündin.

Schiddelbüx
zielos Herumlaufender; Durchfallkranker
De Schiddelbüx schitt dree Meter ahn Trichter in de Buddel.
schiddel(ig) – mit Durchfall behaftet
schiddeln – eilig gehen

Schiersnuut
Mensch mit glattem Gesicht
schiersnutig – glatt (rasiert)
He seeg so schiersnutig ut, as harr de Bull em lickt.

Schiet, Schietacker, Schietbüdel, Schietenhöker, Schieter, Schieterling, Schietfotz, Schiethamel, Schiethupen, Schietkeerl, Schietklaas, Schietkrööt, Schietkruuk, Schietmaas, Schietmoors, Schietoors, Schietplock, Schietprökel, Schietpropp, Schietputt, Schietranzel, Schietsack
Schwächling, Nichtsnutz, Taugenichts; Kosewort für ein kleines Kind
De Schietbüdel lett sick in de Eck stellen as 'n Handstock – wehrt sich nicht.
schietbüdelig – hilflos
schietbüdeln – rastlos auf und abgehen, davoneilen
schietig – schmutzig, dreckig

Schietenfeger, Schiet(en)kleier, Schiet(en)klöver
Dreckfeger, Straßenfeger; Mensch, der gern im Dreck wühlt

Schietenfreter
Mensch, der alles ißt
So is dat mit den Schietenfreter, güstern noch frisch un gesund, un hüüt smeckt em dat al wedder.

Schiethannes, Schiethund, Schietkack, Schietknecht, Schietsack, Schietsnuut
schlechter Kerl; unordentlicher, schmutziger Mensch
De Schiethund is doch rammdösig – dumm, unklar im Kopf (wohl eigentl.: so benommen, als ob er einen Schlag mit einer Ramme vor den Kopf bekommen hätte).

Schiethuuskommandant
Klempner

Schiet-in-de-Büx, Schiet-in't-Hemd
Hosenscheißer, Jammerlappen (eigentl.: kleines Kind)
Stell di nich an as so 'n kranke Bütt, du Schiet-in-de-Büx!

Schietpesel, Schietpudel
schmutzige, nachlässige Frau
De Schietpesel is so bang vör Water, de wascht sick mit Fuusthannschen.

Schietschandarm
Ordnungshüter

Schievensnieder
Glaser (wörtl.: Scheibenschneider)
Dat heevt den Ümsatz, sä de Schievensnieder, dor hau he de Finstern in.

Schillingputzer
Geizhals
De ole Schillingputzer hett 'n Knütt op 'n Büdel – geht nicht an sein Geld
heran, läßt sich kein Geld entlocken.

Schinner
Leuteschinder, Tierquäler (eigentl.: Schinder, Abdecker)
*Düsse schikaansche Keerl vun Schinner schull mi man mol nachts in de
Mööt kamen!*

Schisser
Feigling
Ick bün Herr, sä de Schisser, dor seet he ünner 'n Disch.
schissig – bange

Schnarchlappen
Dummkopf, langsamer, vertrottelter Mann
De Schnarchlappen is 'n Keerl as 'n unriepe Stickelbeer.

Schöölbütt, Schöölsüster
Verleumderin, Plaudertasche, Klatschbase
*Bi de Schöölbütt kaamt de Lögengeschichten ruut as de Spriet ut 't Spund-
lock.*

Schöölmoors
unruhiger Mensch, der ständig auf seinem Platz hin und her rutscht
De Schöölmoors jackelt rüm, as wenn he Immen in de Ünnerbüx hett.

Schooster, Schoosterjung, Schoosterknecht
einfältiger Mann, Nichtskönner
*Klei di an 'n Moors, denn kriggst an 'n Buuk keen Schrammen, du Schoo-
sterjung!*

Schoosterknast, Schooster Pickdraht
Schuster

Schosseegraventapezerer
Betrunkener, der zu Boden gefallen ist (eigentl.: in den Straßengraben, die Gosse)
De Schosseegraventapezerer versüppt noch dat Hemd vun 'n Moors.

Schosseesteenklopper
Straßenbauarbeiter (wörtl.: Chausseesteinklopfer)

Schraadkieker
mißgünstiger Mensch (*schraad* – schräge, schief)
Ick will di wiesen, wo de Fisch Lüüs hett, du Schraadkieker.

Schraadlöper, Schraaglöper
Quertreiber, Fiesling; verwachsener, schiefer Mensch
De Schraadlöper is vun 'n Düvel ut de achterste Höll.

Schraadschink(en)
Mensch, der schief auf den Beinen steht; schwächlicher Mensch
Mit den Schraadschinken is nix loos, de is lahm un hinkt dorbi.
schraadschinkeln – watscheln

Schraalhals, Schraalhans
Schreihals (eigentl.: *Schraal* – Gurgel der Gans)
De Schraalhals hett sien Melodienbüdel verloorn – er kann nicht singen.

Schraap 'n-Püüster, Schrubbenpüüster
Duckmäuser, nachlässig gekleideter Mensch (eigentl.: jemand, der auch das Wertloseste noch nutzbar machen will)

Schraap-op 'n-Born
geiziger, pedantischer Mensch (der die Schüssel bis auf den Boden auskratzt)
Mit dat Betahlen verplempert man dat mehrste Geld, seggt de Schraap-op 'n-Born.

Schraballer
unordentliche, nachlässig gekleidete Frau
Kiek di dat Schraballer an: de glattsten Deerns ward de swattsten Fruuns.

Schrabilken
häßliche Frau (eigentl.: Maske)

Schrachel, Schrackel
bedauernswerter Mensch
De arme Schrachel kriggt rein gor nix op de Reeg – ihm/ihr gelingt nichts.

Schrachelhans, Schrachelmatten
Schreihals, der bei jeder Gelegenheit laut loslacht
De Schrachelhans kann 'n Bullen dootsingen.

Schraffel
Schwatzmaul, Großmaul (eigentl.: Luftröhre der Gans)
Na, du Schraffel, hest wedder 'n dode Rott funnen? – wartest du mit Neuigkeiten von gestern auf, die jeder kennt?

schraffeln – schwadronieren

Schraffel, Schraffel Achteihn, Schraffelant
schwächlicher, verachtenswerter Mensch, Tölpel, Nichtsnutz
Dor sitt he nu, de Schraffel Achteihn, mit de Pann in 'n Achtersten un de Steel buten – zutiefst unglücklich.

schraffelig – unbedeutend, geringfügig

Schrapeltuuts, Schrubbtuuts
alte, häßliche Frau
De Schrapeltuuts hett 'n Gesicht as 'n Pund gröne Seep.

Schraper
schlechter Geiger; Geizhals (eigentl.: Schaber)
De Schraper schüürt dat Broot an 't Schapp, wo Speck in is – ißt sein Brot trocken.

Schrappnell
häßliche, zänkische Frau
Dat Schrappnell hett di 'n Nees, so lang as Salomo sien Katt.

Schrauelschaap
Hungerleider, abgemagerter Mensch, der deshalb gegen Kälte empfindlich ist
Dat Schrauelschaap süht ut as de Dood vun Lübeck.

schraueln – leicht frieren

Schreckschruuv
überspannte oder häßliche Frau
De Schreckschruuv hett 'n Gesicht, wenn de in de Melk kickt, ward de suur.

Schreehals, Schrieger, Schriehals
Schreihals
De Schreehals bölkt in een Tuur as 'n afstaken Swien.

Schreer
häßliche, sonderbare Frau
De ole Schreer, de is jo woll noch ut de Sintfloot, so as de utsehn deit.

Schrinkelbeen, Schrökelbeen
Mensch mit beschwerlichem Gang, etwa mit X-Beinen
De Knee vun dat Schrinkelbeen hoolt op gode Naverschop.

Schröölhans
Prahlhans, Schreihals (*Schrööl* – Luftröhre der Gans)
Dat krieg ick fardig, ehr de Katt 'n Waschholt schitt, seggt de Schröölhans.
schrölen – gröhlen, schreien

Schrubber
Scheuerteufel, putzsüchtige Frau
Bi den Schrubber steiht dat ganze Huus jümmers 'n halven Meter hooch ünner Water.

Schrubber(t)
verwahrloster Mensch, den man nicht anfassen möchte
As de Schrubber sick dat letzt Mol wuschen hett, dat weer achteihnhunnert un Wittkohl, as wi Steen saagten mit 'n holten Saag.

Schruckputt
schwächlicher, kränklicher Mensch (wörtl.: gesprungenes Gefäß)

Schrull
häßliche, schrullige, verschrobene Frau
De Schrull, de hett doch söven Sinne: veer verrückte un dree dwatsche!

Schrumpelklaas
alter, runzliger oder verwachsener Mann
De Schrumpelklaas is mit de Kriegskass utneiht – und trägt sie nun als ›Kriegskasse‹ auf dem Rücken (spöttisch von einem Buckligen).

Schruuv
Schreckschraube, häßliche, zänkische Frau
De ole Schruuv spütt jümmers glieks Füür un Fett.

Schruvendamper
breite, üppige Frau
De Schruvendamper hett 'n Achterende as 'n Dusenddalerspeerd.

Schruvendreiher
Mechaniker, besonders Automechaniker

Schubjack
Schuft, Lump, Flegel, Schurke
An den Schubjack, dor kannst di Hannen un Fööt an warmen.

Schuckelmeier
Spottname der Altonaer und der Hamburg benachbarten Holsteiner zur Zeit der Kontinentalsperre (*Schuckler* – Schmuggler)

Schufel
ungeschlachter, tölpeliger Mensch
De ole Schufel lett sick för 'n Daler över 't Huus trecken.
schufelig – ungehobelt

Schüfelsch
plumpe, alte Frau
De Schüfelsch sitt dor as 'n kaakten Klümp – zusammengesunken wie ein
Mehlklößchen.

Schüffel-dör-Klaas
einer, der durch den tiefsten Dreck geht
dörschüffeln – breitspurig, nachlässig gehen

Schüffer
Vielredner
Hool dien Snuut, sunst kriggst een an 'n Piependeckel (Schädel), *du Schüffer.*

Schummelheini
Betrüger (besonders beim Kartenspiel)
*Wohr di, wenn du mit den Schummelheini Klapperjass speelst, de haalt di
de Wörms ut de Nees.*

Schumpelschoh
Frau mit schleppendem, latschigem Gang
De ool Schumpelschoh löppt so langsam as vun 'n Ossen de Melk.

'n Schunzige
Spaßvogel, unterhaltsame, aber nicht ernstzunehmende Person [Flensburg]
schunzig – witzig

Schuppen
großer, kräftiger Mensch, großes Mädchen
Dat is 'n gude Schuppen, de kümmt een nich to Söök in 't Bett.

Schüürbessen, Schüürdüvel
Scheuerteufel; Putzfrau
Bi den Schüürdüvel ward de Feudel den ganzen Dag nich dröög.

Schuutscher
unordentlich gekleideter Mann
Hemd ut de Büx is Levensoort, seggt de Schuutscher.

Schuuv-in-Aben
Bäcker

Schuuvtrompeet
Mensch mit schlechtem Gang (eigentl.: Posaune)
De Schuuvtrompeet smitt sien Been, as weern dat Mettwust.

Sebenbinner, Sebenrand
zänkische, streitsüchtige (weibliche) Person; Taugenichts (wörtl.: Siebma-
cher, Siebrand)
*De Sebenrand maakt 'n Larm, as wenn se ehr Grootmudder op 't Karkhoff
opwecken will.*

Seeg → Zeeg

Seelenknieper
Rechtsanwalt

Seelenverköper
Mensch, der aus dem Unglück anderer ein Geschäft zu machen sucht

Seitasch
Frau, die alles verlegt (*seien* – säen)
Een Kummer jaagt den annern, sä de Seitasch, güstern storv mien Mann
un hüüt verleer ick mien Nadel.

Sellhorn, Sellig
Dummkopf [westlicher Landesteil Schleswig]
selldösig, sellhorn, sellig – verrückt, sehr dumm, einfältig (englisch: *silly*)
He is to sellig to'n Starven, sünst weer he al lang dootbleven.

Semann
Homosexueller; Pantoffelheld (wörtl.: Sie-mann)
De Semann, de is so vun de anner Kant, de kann mit 'n bloten Finger
punktschweißen.

Semmelarchitekt
Bäcker

Semmelfoot
Mensch mit Plattfüßen
Wenn de Semmelfoot mol doot blifft, denn mutt he umstött warrn – steht
fest auf beiden Plattfüßen.

Sempoog
Dummkopf, nicht ernstzunehmender Mann (wörtl.: Senfauge)
Dat mark di, du Sempoog, wat de Buur nich kennt, dor seggt he Kantüffel-
kruut to.

Sesselpuper
Beamter, Büroangestellter

Setter
wohlbeleibte, starke, große Person (besonders Frau)
Dat is 'n düchtigen Setter, de weiht de Wind nich vun 't Dack.

Sewerboort, Sewerbüdel, Sewersack
Mensch, der sabbert

Sibbellieschen, Siebeltasch, Siebeltrien, Siepeltrien, Siepkatt, Siep-
lieschen, Siepsüster, Siewellieschen, Sieweltasch, Sieweltrien
weinerliches Mädchen, süßliche Schwätzerin
Dat Sibbellieschen hett 'n beten neeg an 't Water buut – ihr kommen schnell
die Tränen.

siebeln, siepen, siepnesen, sieweln – weinen, kläglich und albern reden

Sicker
kleines, unansehnliches Mädchen
De lütte Sicker hett den ganzen Abend lang mit Hans Niemand danzt –
wurde nicht aufgefordert.

Sickerbüx
Mann, der so mager ist, daß ihm die Hose rutscht; unfähiger, kränkelnder
Mann ohne Durchsetzungsvermögen
Düsse Sickerbüx kann doch keen dode Katt ut 'n Aben jagen.

Sipp- → Zipp-

Sirupsbengel, Sirupschrist
Schmeichler
Düsse Sirupschrist hett ook al mehr as een bito maakt – uneheliches Kind
gezeugt.

Sirup(s)licker, Sirupsprinz
Naschkatze; Lehrling in einem Kolonialwarengeschäft
*Wat goot, dat wi Kooplüüd sünd, sä de Sirupsprinz, dor weer he dree Daag
in de Lehr un buten regen dat.*

Sirupssnuut
Gewürzkrämer

Sitt(el)goos
Frau, die ausdauernd schwatzt (eigentl.: brütende Gans)
Düsse Sittgoos is ook so 'n ganzen tagen (zäher) *Besöök, de kümmt för 'n
Stünn un sitt veerteihn Daag.*

Sitt-op 'n-Sack
Mensch, der sich nicht rühren mag; Geizkragen
De Sitt-op 'n-Sack kummt bloots denn in de Been, wenn he to Bett will.

Slaapmütz, Slaapsund
Schlafmütze
De Slaapmütz kummt immer eerst denn, wenn dat Swien witt is – die
gröbste Arbeit getan ist.

Slabberbütt, Slabbersöög
Quasselstrippe
*Dat kann ick op 'n Dood nich af, wenn mi so 'n Slabberbütt de Ohrn vull-
jöselt.*

Slachter
Chirurg

Slackerdarf, Slackerdarm, Slantendarm, Slanterdarm, Slokerdarm
schwächlicher, schlaffer, langer, dünner Mensch (*Slackerdarm* u.a. wörtl.:
Mastdarm)
De Slanterdarm weet nich wohen mit sien lange Arms.
slanterig, slantig – schlotternd, kraftlos

Slackerfutz
Schmierfink, Schmutzfink
De Slackerfutz süht ut, as wenn he eben ut de → Dranktunn krabbelt is.

Slackfies
unordentliche, unsaubere Frau
Laat 't lopen, sä de Slackfies un strull in de Büx.

Slacks
ungehobelter Mann, Flegel
Pass op, du Slacks, du kriggst glieks een an 't Soltfatt!

Sladdertrien
ungepflegte Frau
Ick begriep nich, dat de Lüüd sick jeden Morgen kämmt, sä de Sladdertrien, ick kämm mi man eenmol in 't Johr, un ick weet, wat ick uttoholen heff.

sladderig – zerlumpt, unsauber, ohne Haltung

Sla-doot
Schlagetot, Totschläger; auch als scherzhafte Verdrehung aus Soldat; ungeschlachter, unbeholfener, plumper Mann.
De Sla-doot hett dor ›Oorslock hooch‹ speelt – es arg getrieben.

Sla-dorop, Sla-drop
Raufbold, unbesonnener Mann
Ick hau di een in 't Oog, dat di de Pupill verrusten deit, du Sla-drop!

Slampamper(sch)
Mann/Frau, der/die viel verschmaust, Schlemmer(in); schlampige Person
Dat Duunspelen op eben un slicht, dat höört keen Stä hen, du ole Slampamper – das Trinken ohne besonderen Anlaß gehört sich nicht.

slampampen – schlemmen, schwelgen

Slampamperie – Leckerei

Slang
unaufrichtige, doppelzüngige Frau
De Slang glööv ick keen Woort; nich mol wenn se seggt, se lüggt.

Slangenfänger
geckenhafte, junge Leute (meist Großstädter), welche die Landwirtschaft erlernen

Slant, Slantantersch, Slantersch
unordentliche, schmutzige, zerlumpte Frau
Dat Tüüg vun düsse Slantantersch is ook man noch heel bi de Löcker.

Slappsteert, Slappstevel, Slappswanz
Mann, der leicht erschlafft, Schwächling
Du ole Slappsteert büst ook bloots 'n fixen Keerl sien Halfbroder.

Slaps, Slarps
ungehobelter Mann, Flegel
De Slarps is driest as 'n Slachterhund.

Slarpenbacker, Slarpenmaker, Slarrenflicker
(Holz-)Schuhmacher (wörtl.: Pantoffelbäcker, Pantoffelmacher)
Wat Minschenhand nich allens kann, sä de Slarpenmaker, dor harr he 'n Poor Tüffeln fardig.

Slarpentrien, Slarpmarie, Slarrendrieversch, Slarrliese
langsames, unordentliches Mädchen, Herumtreiberin
De Slarpentrien is so gau, dat du dode Rotten mit ehr fangen kannst.

Slarper, Slarpser, Slarpshinnerk, Slarpsjochen, Slarrhack, Slarrsche, Slirkert, Slurker, Slurrenprins, Slurrhack
Mensch mit schlurfendem Gang, Schleicher
Bi den Slarpsjochen musst du de Hacken naschuven, anners kümmt de nich in de Puschen.

Slatt, Slattjack, Slattje, Slattscher
unordentliche Person, Landstreicher, Bettler
Wat schall ick freern, wenn ick Tüüg heff, sä de Slattjack, dor güng he slapen un deck sick mit sien Drachbannen (Hosenträgern) *to.*

Slechtmaker
Verleumder
De Slechtmaker is so achtertücksch, de seggt di nie wat liek in 't Gesicht.

Sleephack, Slööphack
langsamer Mensch, besonders Mädchen, das mit der Arbeit nicht vorwärtskommt
Arbeit is keen Haas, sä de Sleephack, de löppt uns nich weg.

Sleepsack
schmutzige, versoffene Frau; Kupplerin
De Sleepsack süht so swatt ut as 'n Bickbeerndüvel – wie ein Heidelbeerteufel.

Sleev
ungehobelter Kerl, dummer, ungeschliffener Mann, Grobian; Taugenichts; Schlingel (eigentl.: Rührlöffel)
Man mutt allens eten lehren, sä de Sleev, dor smeer he sick Botter op 'n Pannkoken.

Sleevjochen
fauler, nachlässiger Knecht
De Sleevjochen hett de Arbeit nich opbröcht – ist beileibe nicht arbeitswütig.

Slerrholt
untreue oder schlampige Ehefrau [Angeln]
Wat du för 'n dummen → *Deubel büst, kümmst ümmer, wenn mien Mann in is; kannst du nich kamen halwig acht, denn is mien Mann op de Jagd, seggt dat Slerrholt.*

Slickemund, Slickeputt, Slicker, Slickermadam, Slickermuul, Slikkertasch, Slickfatt, Slickut
Naschkatze (*slicken, slickern* – lecken, naschen)
Een nehm ick noch, un denn is Sluss, sä dat Slickfatt, dor weern de Bontjes all.

Slickfies, Slickfiester, Slicksleev
Schleicher, Müßiggänger, Herumtreiber
De Slickfies itt, dat he sweet, un he arbeidt, dat he früst.

Slickrutscher
Außendeichsarbeiter (auch: Schirmmütze und kleines Schiff)

Slicksöler
einer, der nur für die niedrigsten und schmutzigsten Arbeiten zu gebrauchen ist
De Slicksöler kümmt mol in 'n Himmel, för de Höll stinkt he to dull.

Slieker, Sliekfoot
Schleicher, Heimlichtuer
Kack di man bloots nich in 'n Frack, du Slieker!

Sliekermoors
langsamer Mensch, Autofahrer, der durch seine langsame Fahrweise zum Verkehrshindernis wird
De ole Sliekermoors tellt woll bi 't Fohren sien Veeh.

Sliemschieter
Schmeichler; Schlappschwanz (wörtl.: Schleimscheißer)
Wohr di, düsse Sliemschieter will di bloots Smolt achter de Ohrn smeren – dich einwickeln.

Slieper(sch)
hergelaufener Mensch (abgeleitet vom schlechten Ruf der wandernden Scherenschleifer)

Slierer
Schleicher
Den olen Slierer will ick 'n Bimmel üm den Hals bummeln – damit man ihn kommen hört.

Slingkuul
unersättlicher Mensch
De Slingkuul kann nix sluken as grote Stücken.

Slippenslieker
Pantoffelheld, Angsthase, Schleicher
De Slippenslieker maakt sick al in de Büx, wenn em in 'n Düüstern 'n Pogg över 'n Weg hüppt.

Slöök
Mensch, der hastig ißt oder trinkt, Schluckhals, Schlinghals
slööksch – gierig im Essen und Trinken, heißhungrig, gefräßig
Slööks, Sloom, Slööps, Sloot, Slööt, Slopp, Slubbert, Slucks, Slupps
Schlingel, Flegel; wohlgenährter, ungeschlachter Mann
Dat is 'n ganzen dickdreevschen Slööps – dickfelliger, phlegmatischer Aussitzer.

Slöpendriever, Slötendriever, Slurendriever
zerlumpter, nachlässiger Mann, Herumtreiber, Taugenichts; hinterhältiger Mensch
De Slöpendriever hett man knapp noch 'n rein Hemd över 'n Achtersten to trecken.

Slöpentrien, Slötentrien
unordentliche Frau
De Slöpentrien maakt allens mit 'n halven Moors – halbherzig.

Slops
unbeholfener Mann
De Slops brickt sick noch mol de Finger in de Nees af.

Slubberjahn
unsauberer, unordentlicher Mann
De Slubberjahn süht ut as dree Daag doot.

Slucker
bedauernswerte Person, armer Schlucker; gefräßiger oder versoffener Mensch
Wessel mutt sien, sä de Slucker un freet de dicke Melk mit de Mistfork.

Sludderbrook, Sludderer, Sludderhahn, Sludderhannes, Sludderjahn, Sludderjochen, Sludderkeerl, Sludderlieschen, Sluddermamsell, Sluddermichel, Sludderpans, Sludderpelz, Sludderpuus, Sludderslaller, Sluddertrine
unordentlicher, nachlässiger, liederlicher Mensch, der zumeist auch schlecht arbeitet
Bi de Sluddermamsell in 'n Kaakputt süht dat ut as Swienschiet mit Dill.

Sluderbass, Sluderbuck, Sluderbütt, Sluderfieken, Sluderjahn, Sluderlieschen, Sluderliese, Sludermett, Sludermoors, Sludermuul, Sluderpack, Sludersack, Sludersöög, Sludertasch, Sluderteev, Sludertrina, Sluderwiev, Sludersch
schwatzhafte, klatschhafte Person

De ool Sludertasch snitt mol wedder mit dat grote Mess — übertreibt deutlich.

besludern, sludern — schwatzen, afterreden
Sluderie — Klatsch
sluderig — klatschsüchtig

Sluff, Sluffer, Sluffhack
einer, der mit der Arbeit nachhinkt oder alles verkommen läßt; Mensch mit schlurfendem Gang
De Sluffhack liggt an 'n leevsten to Bett, he hett de Infulenza — verdreht aus Influenza.

Slump
Flegel
Den Slump müch ick geern mol de Hammelbeen langtrecken.
slumpig, slumpsch — unordentlich, nachlässig gekleidet

Slumpsnieder
Schneider, bei dem es auf *Slump* — Glück ankommt, ob der Anzug paßt
Wat de Gewohnheit nich deit, sä de Slumpsnieder, dor harr he 'n Stück vun sien egen Tüüg stahlen.

Slumpsnieder

Slüngel, Slünger
Schlingel
Dat wat düsse Slüngel an 'n besten kann, is ole Lüüd vernarr holen — alte Leute zum Narren halten.
slüngelhaftig, slüngelig — flegelhaft

Slunkslank
langer, schlotternder Mensch
De Slunkslank bleiert in de Wind as 'n Preesterprangel — schwankt wie ein Rohrkolben.

Slunt, Sluntendriever, Sluntenhauer, Sluntenslager, Sluntje
Mensch, der nicht auf seine Kleidung achtet

Sluukall, Sluukbree, Sluukfechter, Sluukfreter, Sluukhals, Sluukraav, Sluukwächter
Mensch, der gierig ißt oder trinkt, Nimmersatt, Schluckspecht
Dor weer 'n Lock in, sä de Sluukhals, as he 'n Buddel Kööm utsapen harr.

Sluurfuust
Linkshänder (wohl ursprüngl.: Faust, die nachschleppt)

Sluusohr

Schelm, Schlitzohr, tückischer Kerl (wörtl.: Hängeohr)
Jungedi, dat Sluusohr verköfft an de Turis Booland in 't Watt bi Hollebb – verkauft Immobilien im Wattenmeer an Ortsfremde zum Zeitpunkt der niedrigsten Ebbe.
sluusohrig – niedergeschlagen; unaufrichtig, hinterlistig

Sluut-to

übervorsichtiger Mensch mit der Neigung, alles verschließen zu müssen
De Sluut-to steiht dreemol de Nacht op un kickt, wat de Huusdöör ook afslaten is.

Smachtlappen

Hungerleider, dürrer, schwächlicher, energieloser Mann; übertragen: Schulzeugnis
De Smachtlappen is so breet twüschen de Schullern as 'n solten Hering twüschen de Ogen.
Smacht – (großer) Hunger
smachten – hungern

Smackdarf, Smackdarm

langer, dünner Mann (wörtl.: Hungerdarm)
De Smackdarf höört ook to den Slag, neem gellt: Wo de Strümp ophollt, fangt de Been an.

Smeerbuuk

dicker Mann
Lever den Magen verrenken, as den Kröger wat schenken, seggt de Smeerbuuk.

Smeerfink, Smeerjack, Smeerjahn, Smeerlappen, Smeerpesel, Smeerpeter, Smeerputt

Schmierfink, schlechter Schreiber; unangenehmer, schmieriger, schmutziger Mensch
De Smeerpeter hett sien ganzet Heft vull vun Krakelstaven kleit – er hat einen eigenwilligen Schreibstil.

Smeerfink, Smeerpinsel

Maler

Smeerhöker

Fett- und Kolonialwarenhändler

Smoltbuuk, Smoltmoors, Smoltputt

dicker Mensch
De Smoltbuuk is so fett, de kriggt bi 't Duschen keen natte Fööt.

Smoltengel
pummeliges Mädchen
Helpt dat ook nich, so deit dat doch goot, sä de Smoltengel, dor güng se wegen Tähnweh mit 'n Keerl to Bett.

Smöökbroder, Smööksüster
starker Raucher
De Smöökbroder qualmt, dat süht ut, as wenn 'n Lüttmann backt.

Smoltengel

Smuchelpeter, Smuggelpeter
Betrüger (besonders beim Kartenspiel)
Dat mark di, du Smuchelpeter, to 'n richtige Schummelee höört jümmers twee: 'n Kloken un 'n Dämlichen, un to de eersten höörst du nich to!

Smuckbüx, Smuckjack
eitler Geck, Kleidernarr
De Smuckbüx hett sick utstaffeert as 'n Pageluun (Pfau) *to Pingsten.*

Smuddel, Smuddeler, Smuttje, Smuttpees
schmutziger Mensch, Schmierfink, Schweinigel
Bi den Smuddel wasst al Petersill achter de Ohrn.

Smuser, Smuuspeter, Smuusputt
Schmeichler, Speichellecker; auch: anhänglicher, zärtlicher Mensch
Wohr di vör düssen Smuuspeter, dat is recht so 'n falschen Judas.

Snaak
lustiger, possierlicher Mensch, komischer Schauspieler; sonderbarer Patron (*Snaak* − auch: Schlange, Schnecke, Schnake)
Dat is di villicht 'n Snaak, spoorsam as Schröder sien Kater, de freet dat Licht op un seet in 'n Düüstern.
snaaksch − sonderbar, seltsam, merkwürdig
Snaakschigkeit − Auffälligkeit, Merkwürdigkeit, Eigenbrötelei

Snabbelsnuut
Leckermaul
Nich vör Vadder in 't Fatt langen, du Snabbelsnuut! − bezähme dich!

Snackbroder, Snackbüdel, Snacker(sch), Snackert, Snackfatt, Snackjohann, Snacksüster, Snacktasch
Phrasendrescher, Plaudertasche
Dat ole Snackfatt sabbelt sick noch mol Taltern an 't Muul − Fransen an den Mund.

Snakenkopp
verwachsener, häßlicher Mensch, Fratzengesicht (wörtl.: Schlangenkopf)
De Snakenkopp hett 'n Muul so breet, de kann sick sülm wat in 't Ohr seggen.

Snappboort, Snappenlicker, Snapp(er)nees, Snapprott, Snappsnösel, Snappsnuut
Rotznase, Naseweis, Mensch, der seinen Nasenausfluß aufleckt (*Snapp* – Nasenschleim, Auswurf)
Snappsnuut, wo heet dien Bruut? Dien Bruut, de heet Kantüffelsnuut.
snappsnutig – vorlaut, dreist

Snapsdrussel, Snapsnees; Snapsliese, Snapstrine
Alkoholiker, betrunkener Mensch; Trinkerin
De ole Snapsnees hett mol wedder den Footbodden tapzeert – sich erbrochen.

Snatergatt, Snaterjahn, Snaterwüpp
Dauerredner
Dat Snatergatt geiht dat Muul, as wenn he dor Geld för kriggt.
Snatersnack – Geschwätz

Snaul(er)
Mensch, der auf unappetitliche Art ißt oder trinkt; kleiner Mensch, Schwächling
De Snaul kann mit de Swien ut een Trog freten.
snaulen – auf unmanierliche Art essen oder trinken

Sneerpuus
nachlässige, trödelnde, schlampige Frau
Allens in Ordnung, seggt de Sneerpuus, Piputt in 't Etenschapp.

Snieder, Sniederfips, Snipperwips
schwächlicher, schmächtiger, ängstlicher Mann
He is 'n Snieder un nix wieder.

Sniffer
klatschsüchtige, nörgelnde Person
Du Sniffer, dat warr ick di wiesen, vunwegen Appeln an 'n Dannenboom!

Snipp
Mädchen auf Männerfang (wörtl.: Schnepfe)
›Nu denn‹, sä de Snipp, harr nich ›ja‹ seggen mucht.

Snippert, Snippsnuut
naseweises, schwatzhaftes, freches Menschenkind
De Snippert is klook as 'n Hehn, he kann bloots keen Eier leggen.
snippsnutig – schnippisch, überklug

Snittker, Snittkersnatt
Tischler (wörtl.: Schnitzer)

Snoopmuul, Snooptasch, Snoper, Snuppsack
Leckermaul
snopen, snuffen, snuppen – naschen
snoppsch, snuppig – naschhaft

Snöösbösel, Snösel
Schnösel, unverschämter, dummdreister, naseweiser Bengel, Grünschnabel, Schlingel
Du kannst jo noch nich mol över 'n Boort speen, du Snösel! – bist noch zu jung.

Snöterlieschen, Snötermöhl, Snöterputt, Snötersnuut, Snötertasch
Plappermaul
Sabbel di man keen Swiensbulen (Furunkel) *an 't Muul, du Snötersnuut!*
Snötersnack – Geschwätz

Snottenlicker, Snotter, Snotterboort, Snotternees, Snottersnuut, Snotthammel, Snottlapp, Snottlepel, Snottslicker, Snottsnuut
Rotznase (*Snott* – Schleim, Rotz)
Nu hett de Kummer 'n Enn, sä de Snotternees, dor weer de Schoolmeister storven.

Snückerfritz
einer, der alles durchschnüffelt, was ihn gar nichts angeht
De Snückerfritz, de mutt jeden Fort (Furz) *in 't Dörp oprüken.*
snückern – schnüffeln, durchstöbern

Snuddelpesel, Snuddelpeter, Snuddelputt, Snuddeltrien
unreinliche Person

Snüffel-Achteihn, Snüffelbüx
Tölpel, Stolperer
De Snüffel-Achteihn maakt sick as 'n Pund Toback.
snüffeln – stolpern

Snurrbüdel, Snurrer
Bettler, Landstreicher, Habenichts, Schnorrer; Nachbarin, die ständig etwas leiht (und nicht zurückbringt)
De nix hett un sick nix inbildt, hett tweemol nix, seggt de Snurrer.
ransnurren – durch Betteln erwerben
snurren – betteln

Snurrerpack
Bettler, Landstreicher
Dat Snurrerpack is een Johr to laat op de Welt kamen, wat se düt Johr bruken mööt, schüllt se tokamen Johr eerst verdenen.

Snutenfeger, Snutenschraper
Barbier

Snutensnacker(sch), Snuutsnacker(sch)
Mensch, der jedem nach dem Mund redet, Schmeichler(in)
Düsse Snutensnackersch smeert jedeen Honnig üm den Boort.

Snutensnieder
Grimassenschneider, Faxenmacher
De Snutensnieder hett nix as Spijöök in 'n Kopp – sitzt voller unsinniger
Einfälle.

Snutentrecker
Miesepeter
De ole Snutentrecker sitt so vull Lunen as de Esel vull griese Hoor.

Snuuv-in-de-Grütt, Snuuvkatt, Snuvenprööf, Snuventrien
Mensch mit dauernd verschleimter Nase; jemand, der seine Nase überall
hineinsteckt
De Snuuv-in-de-Grütt will allerwegens mit in 'n Trog liggen.

Söckfoot
unbeholfener, tapsiger Mensch; einer, der eilig hin und her läuft (eigentl.:
der nur mit Socken bekleidete Fuß)

Sodenkönig
Mann, der beim Deichbau die Aufsicht über die Sodenlieferung hat

Soldatenpack
Soldaten, Soldateska
*Soldatenpack, Soldatenpack, dat süppt un fritt den ganzen Dag un hett
Lüüs, de sünd so groot as Müüs.*

Söög
schmutziger Mensch; allgemein abfällig (wörtl.: Sau)

Söög-Amm
Frau mit großen Brüsten (eigentl.: Säugeamme)
De Söög-Amm hett ganz schöön Holt vör 't Huus.

**Söölbroder, Söölgast, Söölkumpan, Sööllieschen, Söölliese, Sööl-
moors, Söölpeter, Söölsüster, Sööltasch, Sööltrin, Söölwust**
schmutziger Mensch; betrunkener Zecher
Düsse Söölbroder kann keen vulle un ook keen leddige Glöös vör sick sehn.
sölen – suhlen, im Dreck wühlen; unsauber, oberflächlich arbeiten; saum-
selig sein, zögern; die Zeit nutzlos in Kneipen vertrödeln, sich betrinken
sölig – schmutzig, unsauber; säumig, langsam

Söötsnacker, Söötsnuut
einer, der jedem zu Gefallen spricht, Schmeichler, Süßholzraspler
Wohr di vör so 'n Söötsnuut, du dreihst di üm, un he pedd di in 't Achterende.

Sottewer, Sottneger, Sottoors
Schmutzfink; roher, gefühlloser Mensch
De Sottoors löppt to Disch as dat Swien an 'n Trog.

Sottje(r)
Schornsteinfeger; Schmutzfink; schmutzige Frau

Sövenfreter
Vielfraß (wörtl.: Siebenfresser)
De Hunger drifft 't rin, sä de Sövenfreter, dor smeer he sick Botter op 't Speck.

Sövenmulenwiev, Sövenrand
Klatschweib
Harrst du höört, wat dat Sövenmulenwiev mi allens vörpromakelt hett, di harr de Verstand stillstahn!

Spaakbeen
langer, dürrer Mensch, der mit seinen dünnen Beinen lange Schritte macht; Schiefbeiniger
Dat Spaakbeen hett Been as Spreen un Waden as Graden – Beine wie Drosseln, Waden wie Gräten.
spaakbeenig – schiefbeinig

Spaassbüdel, Spaassvagel
Scherzbold, lustiger Mensch
Dat is 'n Spaassvagel, de driggt sien Snavel an 'n Buuk.

Spaddelbeen, Spaddelbüx
zappeliges, lebhaftes Kind
spaddelig – zappelig
spaddeln – strampeln, zappeln, mit Armen und Beinen um sich schlagen

Spalkmaker
Spaßmacher
Dat is nich licht, in 'n Slaap een fohren laten, seggt de Spalkmaker.
Spalk, Spalkerie – Lärm, Toben, Scherz, Ulk
spalken – lärmen, von etwas Aufhebens machen

Spanner
Voyeur

Spargel, Spargelbeen
langer, dürrer Mensch
Ick segg jümmers, Spargel höört in de Doos un nich op de Straat.

Sparkbeen, Sparker
Kind, das gern tritt
sparken – treten, ausschlagen

Speckbuuk, Speckhals, Speckkopp
wohlbeleibter Mann, Mensch mit feistem, speckigem Hals bzw. Kopf

Speckjäger
Landstreicher

Speckkopp
zum Küchendienst kommandierter Soldat, Küchenbulle

Speelfieken, Speelkatt
verspielter, alberner Mensch
De Speelkatt föhrt mit sien Gedanken in 'n Schees (Kutsche) un pedd mit de Fööt in 'n Rönnsteen.

Spekulatius
Tüftler, Phantast, Spinner
Bi den Spekulatius spöökt dat in 'n Gevel – hat Flausen im Kopf.
spekuleren, spickeleren – spekulieren, grübeln

Spickelant
Spekulant; Grübler; Schleicher [Angeln]

Spiddel, Spiddelbeen, Spiddelfink, Spiddelfips, Spiddelfitz, Spiddelfix, Spiddelspink, Spiddelwüps
schwacher, kränklicher, schmächtiger Mensch; leichter, beweglicher Mensch, Springinsfeld
spiddelig – kümmerlich, schwächlich, schmächtig

Spieniff
Mensch, der eine scharfe Zunge führt (eigentl.: Speischnabel)
Pass op, de Spieniff stickt as 'n Imm! – seine Bösartigkeiten können verletzen.
spieniffig – spürnasig, gerissen

Spijinkel, Spink, Spinkel, Spinkelbeen
schwächlicher Mensch
De Spink is 'n Keerl as 'n natte Sack – Weichling.
spinkelig, spinkig – schmächtig, mager, klein

Spijökenmaker, Spijöök
Spaßmacher, Person, die sich so kleidet, daß sie zum Spott wird; durchgedrehter, verrückter Mensch (*Spijöök* – auch: Spaß, Schabernack)
Spaass mutt sien bi de Beerdigung, seggt de Spijökenmaker, sünst gaht de Lüüd nich mit.
spijökenhaft – zum Spott herausfordernd
Spijökenkraam – Possen, Narreteien

Spiktakelminsch, Spitakelminsch
Mensch, über den man *spiktakeln* – spotten kann
De Spiktakelminsch is aver ook dumm as 'n Stockfisch.

Spinner
Wirrkopf, Phantast; Angeber
De Spinner dröömt vun 'n heiligen Geist un vun Klaas Meier sien opbra-
den Klümp – hat Hirngespinste.

Spitzboov
Spitzbube
Wat 'n Haken warrn schall, dat böögt sick bi Tieden, sä den Spitzboov sien
Söhn, dor stohl he sien Vadder de Büx vun 't Lief.

Spitzbovenpack, Spitzboventüüg
Pöbel, Pack, Gesindel
Dat Spitzbovenpack is so wat vun handgau, de klaut di glatt bi 't Lopen de
Snöörbänner ut de Schoh.

Splietendaal
Wildfang, energische Frau

Spökelkieker(sch), Spökenkieker(sch)
Hellseher(in), Mensch mit der Gabe des zweiten Gesichts

Spöker
zerlumpter, abgerissener, elender, unbedeutender Mensch
Twüschen mi un di is dat 'n Ünnerscheed as twüschen König Salomo un
Jörn Hootmaker, du Spöker!
Spökerie – unehrliche, zauberhafte Machenschaften
spökerig – gespenstisch, unordentlich, zerlumpt

Spoo-di-gau
Mensch, der übereilig und flüchtig seine Arbeit verrichtet (wörtl.: Spute-
dich-schnell)

Spöök
magerer Mensch; schlecht gekleidete Person (wörtl.: Spuk)
De Spöök hett man Sniedergewicht, dat sünd 100 Pund un een Törfsoden.

Spöönfreter
Tischler (wörtl.: Spänefresser)

Spoor-wat
sparsamer Mensch (wörtl.: Spare-etwas)
Dat is dat, wat dat Geld kost hett, sä Spoor-wat, dor eet he de Kaffegruus
mit 'n Lepel achterna.

Spottangel
Spötter
Schiet de Wand lang, streu dor Sand mank, denn meent de Buur, dat dor
Schilleraatsen (Bilder) *hangt, seggt de Spottangel.*

Spradebass
Stutzer (dänisch *spradebasse* – eingebildeter, junger Mann)
De Spradebass fehlt bloots noch 'n Fedder in de Moors.

Sprauelspink
unruhiges Kind [Nordfriesland]
Gah na dien Mudder, du Sprauelspink, un laat di 'n Pannkoken op de Buuk leggen!
sprauelig – zappelig, quirlig

Spreekbüdel
Prahler
Den Spreekbüdel sien Kalv is ook ümmer grötter as den annern sien Koh.

Spretter
Stutzer, Geck [Angeln]
Reeg di man nich op, du Spretter, du hest fröher nix hatt as de poor Lüüs, de du vun dien Mudder kregen hest!

Sprietbrenner
Schwarzbrenner

Sprietkopp
Trunkenbold; Dummkopf
Dat segg ick di, du Sprietkopp, in 't Snapsglas versuupt mehr as to See!

Spring-in-de-Büx, Spring-in't-Feld
lebhafter Junge
Haal mol dat Splitterholt vun 'n Koopmann, du Spring-in-de-Büx, wi wüllt Holt klöven, dat geiht beter as mit 'n Biel.

Sprockheister
kümmerlicher Mensch, den niemand auf der Rechnung hat (wörtl.: Reisig-Elster)
De Sprockheister kann vör Hunger nich in Slaap kamen un nich vör Splitter ut de Büx.

Spucht
kleiner, schmächtiger Mann

Spuddangel, Spudder(t)
Schwächling, schäbiger, heruntergekommener Mensch
De Spudder süht ut as Mudder Maria, vun de de Goldschuum afkratzt is.

Spurks
kleiner Mensch
Laat di man nich vun 'n U-Boot överfohrn, du Spurks.

Staakbeen
lang aufgeschossener Mensch
Dat Staakbeen is in Saat schaten as 'n ool Zippel.

Staatspopp
Frau, die übertriebenen Wert auf ihr Äußeres legt, aufgetakelte Frau
Kiek di düsse Staatspopp an: baben bunt, nerrn Strunt – oben hui, unten pfui.

Stackel, Stackelsdeern, Stackelsfru, Stackelsjung, Stackelskeerl, Stackelskind, Stackelsmann, Stackelsminsch
bedauernswerter, kümmerlicher, schwacher Mensch, Krüppel, Unglücklicher, armer Schlucker, Tropf (dänisch *stakkel*)
De lütt Stackelsdeern sitt dor den ganzen Avend as so 'n verdröögten Petersillenstengel.

stackelig – kümmerlich
Stadtklatt
Mädchen, das in der Stadt städtisches Benehmen und vornehme Sprache angenommen hat; junge Leute aus der Stadt (aus der Sicht von Dorfjugendlichen)
Buurdeern is 'n stuur Deern, 'n Stadtklatt is dat ook wat?

Stadt(s)maratz
Städter (*Maratz* – Morast, Schmutz, Unrat)
Will mol platt mit di snacken, sä de Deern, dor hau se den Stadtmaratz een mit 'n Sleev vör 't Muul.

Stah-in 'n-Weg
Mensch, der bei der Arbeit im Wege steht und nicht Hand anzulegen weiß
Dien Vadder hett di keen Glas in 'n Achtersten sett, du Stah-in 'n-Weg – geh aus dem Licht.

Staker(sch)
betriebsamer, eifriger Mensch
Slapen, seggt de Staker, slapen kannst du, wenn du doot büst.

Stamerbuck
Stammler
Eben to tott (kurz), *seggt Fide Stamerbuck.*

Stankbüdel, Stänker, Stankmaker, Stankoors, Stankpesel, Stankversit, Stunkmaker
Streitmacher, Zänker, Störenfried
De Stankbüdel schafutert, dat dat hell un düüster ward.

Steernkieker
Astronom; Mensch, der den Kopf beim Gehen hoch trägt
Ick mutt de Saak op 'n Grund kamen, sä de Steernkieker, dor full he in 'n Soot (Brunnen).

Steertholer
Mitläufer (wörtl.: Schwanzhalter)

Stehlbuck, Stehlpansen
(gewohnheitsmäßiger) Dieb
De Stehlbuck nimmt allens mit, wat nich klaufast is.

Stellenslachter
Makler, Aufkäufer von Hofstellen

Stiefbuck, Stiefkiel, Stiefpoot, Stiefstand, Stiefsteker
unbeholfener, ungeschickter, steifer Mensch
Pedd di man keen Klavier in de Hacken, du Stiefbuck!
stiefpötig – ungeschickt (mit den Händen)

Stiefkopp, Stiefnack
Starrkopf
stiefköppig, stiefköppsch – starrsinnig

Stiffel
Dummkopf
De Stiffel süht dat grote A för 'n Stickelbeernbusch an.
stiffelig – dumm

Stillsittersch
Mauerblümchen
*Bald weer ick ook ankamen, sä de Stillsittersch op 'n Danzsaal, de an mi
seet, wöör al nahmen.*

**Stinkbüdel, Stinker, Stinkfiest, Stinkstevel, Stinktier, Stinkver-
dan**
Stinker, Stänkerer
*Ick hau di een in 't Muul, dat di de Kusen (Backenzähne) ut 'n Moors fleegt,
du Stinkstevel!*

Stint
schmächtiger Mann (eigentl.: kleine Fischart)

Stjamp, Stjampmarrn, Stjarf, Stjaul
Tölpel, unbeholfener, einfältiger Mensch [Landesteil Schleswig]
Laat di man nich vun 'n Schaap bieten, dat keen Tähn hett, du Stjamp.
Stjamperie – Dummheit
stjampig – unbeholfen

Stolperjan, Stolperklaas, Stolterfoot
unbeholfener Mensch, der über seine eigenen Füße fällt
→ *Pulterlieschen, hest du Stolperjan nich sehn?* – zu einem Mädchen,
das sich ungeschickt benimmt.

Stolzmadam, Stolzmadrett
eingebildete Person
De Stolzmadam geiht, as wenn se inneiht weer – so steif.

Stöötboom
stürmischer, plumper Mensch

Stoppelhopser
junger Mann, der die Landwirtschaft erlernt; Infanterist; kleines Kind

Störtebeker
stürmischer Mensch (nach dem gleichnamigen Seeräuber)

Störtendaal, Stört-to
aufgeregter Mensch, der immer mit der Tür ins Haus fällt

Störtkoor
Mensch, der unsicher auf den Beinen ist (wörtl.: Sturzkarre)
De Störtkoor hett 'n poor Fööt as Striekiesens – Bügeleisen.

Stöterbuck
Stammler
*Mien Söhn is 'n Stöterbuck, aver dat is nich so slimm, sä de Fru, man
höört dat bloots, wenn he snackt.*

Stratenaas, Stratendriever, Stratenköter(sch), Stratenstrieker
Pöbel, Herumtreiber(in)

Stratenfeger
Straßenbauarbeiter, Straßenreiniger

Streefkatt
ehrgeiziger, strebsamer, widersetzlicher, zanksüchtiger Mensch
*Düsse Streefkatt hett jümmers as eerster den Finger hooch, wenn dat
Lametta verdeelt ward un hett al den reinsten Klempnerladen vör de Bost.*

Strick
durchtriebener Schlingel
Dat Strick vun Deern snackt em noch 'n Steenbrüch (Steinpflaster) *in 't
Liev.*

Striekersch
Herumtreiberin
De Striekersch hett 'n Imm steken – sie ist schwanger (wörtl.: wurde von
einer Biene gestochen).

Striethamel, Striethammel, Strietmaker
Streithammel, streitsüchtiger Mensch
Maak mi keen Rook in de Kaat, du Striethammel (Katen haben keinen
Schornstein).

Strippentrecker
Elektroinstallateur, Überlandleitungsmonteur

Strohlüder
Wichtigtuer [Fehmarn]
Suup di duun un freet di dick un hool dat Muul vun Politik, du Strohlüder!

Strolch
Schlingel, Herumtreiber
Wenn düsse Strolch een vun mien weer, wull ick em ganz wat anners – väterliche Erziehung angedeihen lassen.

Stromer, Strömer
Herumtreiber, Strolch; Landstreicher, Bettler

Ströpeler, Ströper
Landstreicher
ströpeln, ströpen, ströpsen – streifen, umherstreifen

Strull-an-de-Wand
Junge (da er gegen die Wand urinieren kann)
Di warr ick de Büxen flicken, du Strull-an-de-Wand!
strullen – sprudeln, rieseln; Wasser lassen

Strull-Peter
Bettnässer

Strümp, Strünn
nachlässige, flatterhafte, liederliche Frau

Strümpschächt
dummer Mensch (wörtl.: Strumpfschaft)
De Strümpschächt is so dumm, man kann Muurn mit em inlopen.

Strümpverköper
barfüßige Person (wörtl.: Strumpfverkäufer, d.h.: jemand, der seine Strümpfe verkauft hat)

Strunt, Struntaas, Struntje(r), Struntmichel
Herumtreiber, Bettler; unordentliche Frau (*Strunt* – Kot, Dreck; schlechte Ware, Schund)

Strunthoor
unsaubere Prostituierte
Kiek di dat an! Wat hett de Strunthoor för 'n gode Bost. Schaad, dat se achtern sitt – von einem ausladenden Hinterteil.

Struukdeev, Struukröver
Strauchdieb, Strauchräuber
De Struukdeev hett nich stahlen, he hett dor bloots mit de Hand op pedd.

Struutsch(e)
Frau, die sich gern herausputzt und ausgeht

Stubben
kleiner, dicker Mensch (wörtl.: Baumstumpf)
De Stubben hett 'n Achtersten as 'n Möhlenrump.

Stubbendrögersch
Mauerblümchen (wörtl.: Baumstumpftrocknerin)
De Stubbendrögersch hett den ganzen Avend schimmelt – wurde nicht zum Tanz aufgefordert.

Stück
allgemein abfällig
'n goot Stück – starke, fleischige Person, sehr dicker bzw. langer Mensch
'n mall Stück – alberne, dumme Person
'n Stück Mallöör – Unglücksrabe
'n Stück Minsch – verachtenswerter Mensch

Stukel
Krüppel, hinfälliger Mensch, zurückgebliebenes Kind
De Stukel is ook 'n Kandidaat för Kösters Kamp – wird bald seine letzte Ruhe finden.
stukelig – gebrechlich, hinfällig, altersschwach

Stülterbüdel, Stülterkiep
ungeschickter Mensch
Egaal, wat düsse Stülterbüdel anfaat, dat löppt ümmer op Schiet ut – geht daneben.

Stummel
kleinwüchsiger Mensch

Stummeldreiher
Zigarrenmacher

Stümper
Pfuscher
Goot Ogenmaat drüggt nich, sä de Stümper, dor harr he den Balken twee Meter to kort afsneden.
stümperig – gebrechlich, schwach

Stuurkopp
Dickkopf, sturer Mensch
De Stuurkopp is so egen as Missfeld sien Ganner, de swümm op 'n Diek un verdöst – schwamm auf dem Teich und verdurstete.

Stuvenstinker
Stubenhocker, Fröstling
De ole Stuvenstinker sitt achtern Aben un braadt Appeln – faulenzt.

Suddeler(sch), Suddelke, Suddler, Suddelpans, Sudelfieken, Sudel-kööksch, Sudler
unreinlicher Mensch, Schmierfink

Sudenbieter
Spottname für Halligbewohner, weil sie Suden (Meerstrandwegerich) als Gemüse essen

Sullerer, Sullerfieken, Sullerjochen
Mensch, der undeutlich oder überstürzt spricht; Plaudertasche
Bi den Sullerer geiht de Tung op hölten Tüffeln.
sullern – viel reden

Sunndagsbuur, Sünndagsbuur
Bauer, der besonders sonntags fleißig ist
Uns Herrgott is nich to truun, sä de Sünndagsbuur, dor föhr he an 'n Sünndag Heu.

Sünnerklaas
tölpelhafter, verlegener, träumerischer Mann (aus: Sankt Nikolaus)
De Sünnerklaas dröömt vun gele Eier, de morgen eerst leggt warrn schüllt.

Super, Süper, Suupballig, Suupbroder, Suupbüdel, Suupbütt, Suup-farken, Suupigel, Suupjack, Suupjökel, Suupmichel, Suupputt, Suup-sack, Suupswien, Suuput, Suupuul
Säufer, Trunkenbold
Wenn wi gaht, denn gaht wi all, harr de Suupbütt seggt, harr in 'n Rönnsteen legen.
suupsch – trunksüchtig

Suppensmitt
Koch

Suppenswien
allgemein abfällig
Du Suppenswien büst dat weert, op 'n Piepenkopp maalt to warrn – als höchste für dich je erreichbare Ehre.

Süselmett
Frau, die mit ihrer Arbeit nie fertig wird
süselig – umständlich, stets mit Hausarbeiten beschäftigt
süseln – allerhand Kleinarbeit verrichten

Suupkanuut
Saufkumpan
De Suupkanuten sitt op 'n Posten as Hans Hinnerk, morgens Klock söss in 'n Krog, avends Klock söven in 'n Rönnsteen.

Suurkruuk, Suurmuul, Suurputt, Suursnuut, Suurtuut
Mensch, der mürrisch und verdrießlich dreinschaut
De ole Suurputt seggt keen Piep, is woll bang, dat sien Mund dat nich mit den Moors uthöllt – daß seine ›Sprechwerkzeuge‹ zu schnell verschleißen.
suurbeetsch, suurmuulsch, suurputtig, suurputtsch, suursnuutsch – griesgrämig
suurmulen – plärren

Suus-in 't-Land, Suusklaas, Suuslieschen, Suusmariek, Suustrina, Suuswind
unsteter Mensch, der nicht häuslich ist oder oberflächlich arbeitet

Swabbelmoors
Schwätzer, Wichtigtuer
Vun dat, wat düsse Swabbelmoors di vertellt, is dat Halve lagen un dat anner is nich wohr.
swabbeln – schwafeln

Swadronöör
Angeber; Schwätzer

Swallerbroder
Dauerredner (*Swaller* – Wortschwall)
Düsse Swallerbroder snackt di glatt 'n twetet Lock in 'n Moors.

swatte Mann
Schornsteinfeger; Pastor; Schreckgestalt

Swattpeter, Swattsnuut
schmutziges Kind
Dor kümmt ümmer wat Niees op, sä de Swattpeter, dor schull he baden.

Swattrock, swatte Mann, swatte Schandarm
Pastor
Dat kümmt vun 't lange Predigen, sä de Swattrock, dor harr he op de Kanzel de Büx vullmaakt.

Swicksteert, Swippsteert
unruhiger Mensch
swicksteerten, swippsteerten – unruhig hin und her laufen; sich mit Dingen beschäftigen, die einen nichts angehen

Swiemeltasch
Frau, die in wehleidigem Ton zu sprechen pflegt
swiemelig – schwindlig, zur Ohnmacht neigend; hinfällig
swiemeln, swiemen – einer Ohnmacht nahe hin und her taumeln

Swien, Swienbeest, Swienegel, Swienhund, Swienjack, Swienkeerl, Swienmichel, Swienpesel
unmoralischer, hinterhältiger, unsauberer, betrunkener Mensch
De Swienpesel hett mol wedder de ool Greet to dull küsst – ist betrunken.

Swiendokter
Tierarzt

Swiendriever, Swientrecker
zerlumpter, schmutziger Mann (eigentl.: Schweinehirte)
De Swiendriever süht ut, as wenn he al söven Johr in de Eer steken hett.

Swienpietscher
Antreiber

Swienskopp
häßlicher, widerlicher, unangenehmer Mann
De Swienskopp hett 'n Muul, de kann de Sprotten dweer freten – so breit
ist sein Maul.

Swiensmaler
Anstreicher

Swientüüg
Pack
*Dat is di 'n Swientüüg, twölf Mann sünd se man, aver dörteihn dorvun
heet Jan.*

Swierbroder, Swiersüster
liederlicher Mensch, Säufer; Herumtreiber
Den Swierbroder hett de Suupdüvel faat – er ist der Trunksucht verfallen.
swieren – ausgelassen (mit Tanz und Alkohol) feiern
Swiereree – Zechgelage, öffentliche Tanzveranstaltung

Swiesterlieschen
leise sprechende Frau

Swietjee
Mann, der ein Vergnügen an das andere reiht, Trinker, Lebemann, Schür-
zenjäger (wird mit französisch *suite* in Verbindung gebracht)
*Wat helpt mi, dat de Sünn schient, seggt de Swietjee, wenn mi nu dösten
deit.*

**Swöger(sch), Swööggeesch, Swööglapp, Swööglappen, Swööglie-
schen, Swöögpeter, Swöögtrien**
Mensch, der jammert, klagt oder mit großem Wortaufwand unwichtige
Dinge als wichtig darstellt

Swulermoors
Klugschwätzer

Egaal, wat du düssen Swulermoors op de Mauen binnst, de löppt dor mit los – was immer man ihm mitteilt (wörtl.: auf die Ärmel bindet), er wird es weitertragen.

swulern – mit Geräusch im Wasser hantieren, planschen; schwatzen, dummes Gewäsch von sich geben

Swutscher
leichtsinniger Mann, liederlicher Lebemann, Verschwender (wird mit französisch *suitier* in Verbindung gebracht)

Swutscherdeern
leichtfertiges Mädchen
Dor fallt 't hen, sä de Swutscherdeern, dor verloor se dat Kind bi 't Danzen.

T

Taasbüdel
langsamer, trödeliger Mensch
Loop di man bloots nich in Brand, du Taasbüdel!
tasig – langsam, schwerfällig

Tagelmeester
Lehrer (*Tagel* – Prügelwerkzeug)

Tähnbreker, Tähnklempner, Tähnpuler, Tähnschooster, Tähnuttrecker
Zahnarzt

Takel, Takelaasch, Takelbagage, Takeltüüg
Pöbel, schlechte Familie, Lumpenpack; ungezogene Kinder
Dat is all so 'n Takelaasch, wo de een mit wuschen is, is de anner mit kämmt.

Takelsüster
Klatschbase
Wat hebbt de Takelsüstern sick al wedder torechttakelt?
takeln – über jemanden herziehen

Tallfoot
Mensch mit unsicherem, taumelndem, zappelndem Gang
tallföten – unsicher gehen
He tallfööt as 'n ophungen Kater.

Talp
Tölpel
De Talp keem ut as Jens mit sien Koh; as 't Foder all weer, bleev de Koh doot.
talpsch – tölpelhaft, albern

Taltergoos
langsam arbeitende Frau
De ole Taltergoos kann reinweg nix ut de Hannen los warrn – wird mit nichts fertig.

Talterie – unordentliche Näharbeit
talterig – gleichgültig
Talterkraam – schlecht sitzende Kleidung
Taltern – Lappen, Fetzen
taltern – langsam gehen oder arbeiten

Talterjahn
zerlumpter Mann
De Talterjahn löppt rüm, as wenn all de Neihnadeln in 'n letzten Krieg tweibraken weern.

Taltersch
unordentliche, zerlumpte Frau, Schlampe
So 'n Taltersch mag 'n nich mol mit de Knieptang anfaten.

Tappel, Tappel-Achteihn, Tapper-Asmus
plumper, langsamer Mensch, Tölpel; dämlicher Mensch
De Tapper-Asmus süht ut as Spadenbuur – Pikbauer (Spielkarte).

Taps, Tapsbüdel
täppischer, ungeschickter, plumper Mensch
So hett 't seten, seggt de Taps, dor harr he 'n Schöttel tweismeten.
tapsig, tapsch – ungeschickt

Tarrtrien
langsames Mädchen
Bi düsse Tarrtrien geiht dat as de Omnibus op Socken – sie arbeitet langsam.
tardern – schlendern, zögern

Tätel, Täteltasch
Schwatzbase
Gah hen un fleut de Höhner wat vör un vergeet den Hahn nich, du Tätel!
täteln, töteln – dummes Zeug reden, albern sprechen

Tater
Landstreicher (eigentl.: Zigeuner; das Wort wird mit Tatar in Verbindung gebracht)
So 'n Taters kaamt mi hier nich op 'n Hoff.

Taterlieschen
unverständlich sprechende Frau (wohl von tatarisch)
Getater – Kauderwelsch, unverständliches, schnelles Geschwätz; Hochdeutsch
Taterspraak – unverständliche Sprache (eigentl.: Zigeunersprache)

Tattergreis, Tatterich
gebrechlicher, zittriger alter Mann
De ole Tattergreis süht so klöterig ut as Kees un Karnmelk − Käse und
Buttermilch.

Tauk
weinerlicher oder geziert sprechender, auch alberner Mensch
tauken − weinerlich oder geziert sprechen
taukig, tauksch − geziert (besonders von der Sprache der Städter)

Teckelbeen
Mensch mit kurzen, krummen Beinen, O-Beinen (wörtl.: Dackelbein)
So is dat bi dat Teckelbeen, de Been sünd graad, bloots de Büx is scheef.

Teeketel, Teeputt
Einfaltspinsel
He is recht so 'n Teeputt, lehnt den Oors ut un schitt sülben dör de Rippen
− so gutmütig ist er.
teeputtig − dumm, unbeholfen

Teekrögersch
Teeschwester, bei der stets nur Tee getrunken wird und nicht gearbeitet
Bi düsse Teekrögersch is egaalweg de Bankerottketel in de Gang (Kaffee-
und Teetrinken waren einst ein teurer Luxus).

Teerbütt
alte Frau (eigentl.: Teerbottich)

Teerjack
Matrose (durch Mißverständnis und Verdrehung aus dem englischen *Jack
tar* − Jakob Teer)

Teev, Tiff
Hure; abfällig für Frau (eigentl.: Hündin)
De Teev vun Deern kann ook nich mehr in 'n Buddel pissen − ist keine
Jungfrau mehr.

Terpentini
Maler

Tiedendreger
Neuigkeitskrämer, Zwischenträger, Denunziant
Ick kiek gor nich hen, sä de Tiedendreger un keek gor nich weg.
Tiedung − Neuigkeit, Nachricht

Tierbuck
eingebildeter Geck (von *tieren* − zieren)
*Dat mark di man, du Tierbuck, op smucke Lüüd ehr Hals wasst ook keen
Koorn* − wer Staat machen will, muß auch arbeiten.

Timmeross
Zimmermann

Timpendreiher
Bäcker (*Timpen* – vierzipfelige Brötchen)

Tippelbroder
Landstreicher
De Arbeit steiht den Tippelbroder an as de Söög dat Klütenkaken.

Tippmamsell
Sekretärin

Titeltatel
dumme, faule Frau [Dithmarschen]
Dat segg ick di, du Titeltatel, ›kann nich‹ liggt op 'n Karkhoff un ›mag nich‹ liggt dorbi.

Titten-Elli
Frau mit mächtiger Oberweite
Mein Zeit, wat hett de Titten-Elli för 'n grote Meierie!

Tittenkind, Tittfahl, Tittkalv, Tittkind, Tittlamm
verzogenes, verzärteltes Kind, Muttersöhnchen

Toffelotte, Tosselotte
Tölpel, dumme Frau [Flensburg]
De Toffelotte is nie wieder kamen as vun de Pann na de Puttsteert – hat einen sehr engen Gesichtskreis.

Tollknecht, Tollminsch, Tollmops
Zollbeamter

Tomoors
jemand, der immer die Tür hinter sich schließt

Töns
dummer Teufel, Einfaltspinsel
Gah hen un schiet di ut, du Töns!
tönsig – einfältig

Tööt
alte Frau; leichtfertiges Mädchen (wohl in Verbindung mit *Tööt* – Stute)
Stah Tööt, seggt Johann Hahn un danzt mit den Amtmann sien Fru.

Torfdüvel
Torfarbeiter

Torfkopp
Dummkopf
De Torfkopp stellt sick so → tossig *an, de liggt noch mol as 'n →* Schelm *in 't Graff* – er wird zu Lebzeiten bankrott machen.

Torfschört
Dienstmädchen

Toss, Töss, Tosseltier
Tölpel, Dummkopf
Di is woll een uthoppt, du Toss! – einer deiner Sinne abhanden gekommen.
tossig – tölpelhaft, ungeschickt, linkisch

Traanfunzel, Traankruuk, Traanpüüster, Traantrien
behäbiger Mensch; schmutzige, weinerliche Frau
Dor höört al wat to, ehr du düsse Traanfunzel in Gang kriggst – zu einer Reaktion veranlassen kannst.
tranig – trübselig, weinerlich, langsam

Trabant
Range, Schlingel (eigentl.: Leibwächter, Diener)
Du ole Trabant büst 'n → Baas ahn B.

Trampel, Trampeltier
Tölpel, Mensch ohne Umgangsformen
De Trampel geiht dor hendör as de Bull dör de Wisch.

Trant
nachlässig gekleidete Frau (auch: Tand, wertloses Zeug, Lumpen)
trantig – nachlässig, unordentlich

Trart, Trartfoot; Trartgoos
Faselhans, einfältiger, alberner Mensch; geschwätzige, alberne, törichte Frau
Wenn de Trart so wiedersnackt, denn kann he bald flegen.
tradig, trarig – dröhnig sprechend, faselig, albern
Trarderie – alberne und kleinliche Umstände mit Kindern

Treerksch, Treerpopp, Treerpöppen, Trilgen, Trilke
albernes Mädchen, verzogenes Kind
treerksch, treersch, trirkig – verzärtelt, verzogen
treren – zärtlich tun

Trien, Trienlieschen, Trientsch, Trina, Trinna
allgemein abwertend für Frau (aus: Katharina)
Jedes Ding hett twee Sieden, seggt dat Trienlieschen un leggt sick op de anner.

Triensibbelsch
weinerliche Person

Trina Eentritt
langsam gehende Frau
Düsse Trina Eentritt kannst bi 't Lopen de Hacken besahlen.

Trippeltrien
geziert gehende Frau; weinerliche Person
Tröster
kümmerlicher Mensch
Truid
falscher, unaufrichtiger, nicht ernstzunehmender Mensch; Wahrsager
Laat di vun den Truid man nich in de Fichten schicken – irreleiten.
Trulla
dumme, unordentliche Frau
Vun wieden süht de Trulla man dumm ut, un wenn man rankümmt, hett man sick nich versehn.
Trump Söss, Trump Söven
langweiliger, unbeholfener Mensch, Tropf
Ick will di wiesen, wat fief Arfen för 'n Supp geevt, du Trump Söven.
Trunschel, Trunsel, Trunzel
dicke, unbeholfene Person
trunselig – dick, unbeholfen
Truschuld
Unschuld, Mensch mit einfacher Natur, leichtgläubiger, leicht beschränkter Mensch
Düsse ole Truschuld glöövt an een Gott, de Peter heet.
troschullig, truschullig, truschüllig – treuherzig, zutraulich; etwas beschränkt
Truurkloot, Truurklüüt
verdrießlicher, kümmerlicher Mensch (wörtl.: Trauerkloß)
Truut, Truutsch(e)
ungeschicktes, tölpelhaftes Mädchen; geschmacklos oder altmodisch gekleidete Frau; Schlafmütze (aus: Gertrud)
De Plünnen vun düsse Truutsch sünd ook noch vun de Tied, as de Buur noch griese Arfen freet.
truutschig – unbeholfen, einfältig, verschroben, altmodisch
Tubbjack
Puckliger (*Tubb* – Zapfen, Pflock, Höcker)
De Tubbjack geiht krumm as 'n Flitzbagen.
Tucksbüdel
langsamer, ungeschickter Mann, einer, der nichts erledigen kann
Den Tucksbüdel wasst bi 't Lopen dat Gras ut de Tasch.
tucksbüdeln – trödeln
tucksig – langsam bei der Arbeit
Tuckskraam – Langsamkeit, Säumigkeit; wirres Durcheinander

Tüdelbüdel, Tüderbüdel, Tüderbüx, Tüderheini, Tüderjochen, Tüderklaas, Tüderlock, Tüdermoors, Tüderpeter
verwirrter Mensch; langsamer Arbeiter, langsamer Denker; Zungendrescher
De ool Tüderbüdel vergeet noch mol sien Moors in 't Bett, wenn de nich anwussen weer.
Tüdelie, Tüderie, Tüderkraam – Faselei, dummes Geschwätz; Saumseligkeit; Wirrwarr, Unordnung
tüdelig, tüdelüüt, tüderig – vergeßlich, verwirrt, altersschwach
Tüdelkraam – nebensächliches, wertloses Zeug; Quatsch
tüdeln, tüdern – dummes Zeug reden, faseln; säumig sein bei der Arbeit
Tüdelüüt – dummes Geschwätz, unnützer Kram
Tudelmoors
leicht weinende Frau
Tudelmütz
Fabulant, Schwätzer
Dat is doch 'n Stück Snack as söven Buddel vull Pannkoken, du ole Tudelmütz!
tudeln – hin und her reden, schwatzen
Tüffel, Tüffel-Achteihn, Tüffel-Anton
ungeschickter und dummer Mensch (*Tüffel* – Pantoffel)
Tüffelie – Langsamkeit
tüffelig – langsam, unbeholfen, einfältig, beschränkt, tölpelhaft
He is so tüffelig, he kann keen Nagel in 'n Bund Stroh slaan.
tüffeln – schleppend, schwerfällig gehen; Kleinigkeiten langsam verrichten
Tüffelgarde
Trupp Mädchen
Tulas
dicke Person [Flensburg]
De Tulas hett rein gor keen Hals, de mutt sick de Slips um de Buuk binnen.
Tump, Tumpbüdel, Tumpsack, tumpe Lorenz
dummer, ungeschickter Mensch
tumpig – wirr im Kopf, beschränkt, dumm
De Binnerdeern (Kleinmagd) is tumpig, un de Buterdeern (Großmagd) is nich recht klook.
Tumpigkeit – Verrücktheit, Einfältigkeit, geistige Umnachtung
Tündelbüdel, Tündelbüx, Tünnelbüdel
langsamer, säumiger Mensch
Tünnelbüx un Gautofix sünd en Bröderpoor.

Tüns, Tünsmaandag
beschränkter Mensch, Tölpel (aus: Antonius)
De Tünsmaandag stellt sick op 'n Kopp un fangt mit 'n Moors Flegen –
macht alles verkehrt.
tünselig – ungeschickt, tölpelhaft, dumm
tünseln, tünzeln – ungeschickt und langsam herumhantieren

Tunsch
wunderliche Frau

Tunt, Tuntbüx, Tunterbüdel
Tropf, ungeschickter Mensch
tuntdriest – dummdreist
tunterig, tuntig – tölpelhaft, unbeholfen, schwerfällig

Tuntbüdel
Aufschneider
De Tuntbüdel lüggt gegen den hellen Dag an – wider alle Glaubhaftigkeit.

Tüschekalv
verzogenes, verhätscheltes Kind

Tusel
unordentliches Mädchen
tuselig, tusig – zerzaust, ungekämmt; verwirrt

Tusnelda
dumme Frau
De Tusnelda is jümmers op de Striek – ist ständig unterwegs.

Tussel, Tusselbüdel, Tusseltasch, Tusseltier
ungeschickter, unbeholfener, beschränkter Mensch, Dussel
De ole Tusselbüdel sitt in 't Schapp un töövt op Wiehnachten.
tusselig, tussig – unbeholfen, gedankenschwach

Tutendreiher, Tütendreiher
Kaufmann, kaufmännischer Angestellter (wörtl.: Tütendreher)

Tuttsack
Trottel, unbeholfener, ungeschickter Mensch
De Tuttsack ward bloots as Ünnerfoder rekent – als minderwertig angesehen (wörtl.: Unterfutter).

Tüünbüdel, Tüünhannsch, Tüünklaas, Tüünliese, Tüünlock, Tüünpeter, Tüünsack, Tüüntasch
Faselhans, Aufschneider
De Tüünbüdel lüggt, dat he Stüürn dorför betahlen mutt.
tünen – zusammenhanglos dummes, ungereimtes Zeug reden, langweilig erzählen, fantasieren, übertreiben, lügen

tünig, tüünbüdelig – zum Tünen neigend; nicht ganz richtig im Kopf; altersschwach

Tüünbüdelie, Tüünkraam, Tüünsnack – dumme Redensarten, inhaltloses Gerede

Tuut
unbeholfener, ungeschickter Mensch
Dat is di villicht 'n Tuut, de süht de Welt för 'n Dudelsack an.
tutig, tuutsig – unbeholfen, beschränkt, einfältig und zutraulich, harmlos, naiv, treuherzig

Tuuthorn
dummer Mensch (eigentl.: Blashorn)
Dat Tuuthorn hett 'n Ticker mit 'n Band an 't Been – er ist nicht ganz richtig.

Tuutkann
leicht weinende Frau

Tuutoors
Vielredner, der einem die Ohren ›volltutet‹, Klugschwätzer; Dussel
Kloor, du büst de Gröttste, du Tuutoors; dat is so wiss as: Twee mol dree sünd veer.
tuutoorsen – furzen
tuutoorsig – klugschnackend, auch von jemandem, der alles ausplaudert

Tuuts
häßlicher Mensch; unbeholfene, tölpelhafte Person; boshafter Zänker (eigentl.: Kröte)
So 'n Tuuts vun Kind kann ook bloots 'n Mudder leevhebben.
tuutsig – tölpelhaft, dumm; unfreundlich

Twass- → **Dwars-**

Tweegroschensdeern
Hure

Tweer- → **Dweer-**

Tweernbüdel, Tweernmütz
alberne, oberflächliche, langstielige Quasselstrippe
Tweernbüdelie, Tweernkraam – Geschwätz, dummes Gerede
tweernbüdelig – redselig
tweernbüdeln, tweernen – schwatzen, Unsinn reden
He tweernt as 'n Wust, de an beide Ennen ansneden is – redet ohne Unterlaß.
tweernig – verworren, verrückt

U

Uglitz, Ulex, Ulitz
Spaßmacher, Eulenspiegel, Ausbund (besonders Kindersprache)
De hett nix as snaaksche Grappen in 'n Kopp, düsse Ulex – schnurrige
Einfälle.

Ulenfänger, Ulenspegel
Eulenspiegel; zu dummen Streichen aufgelegter Mensch
Pass man op, du Ulenspegel, dat du nich mol an den richtigen kummst –
deinen Meister findest.

Ulks
Spaßvogel
*Wat hebbt wi lacht op de Beerdigung, seggt de Ulks, dreemol müss de Sarg
wedder hoochhaalt warrn, ehr dat Klatschen ophöörn dä.*

Ümrieter
Mensch, der durch dick und dünn geht
*Dat is so 'n rechten Ümrieter, wenn de bi de Arbeit is, kennt he sien Herr-
gott nich mehr.*

Unband
unbändiges Kind, Wildfang, Mensch, der nicht zu bremsen ist
*Schick den Unband vör de Döör, un he kümmt mit Bulen un Schrammen
wedder tohuus.*

unbandig, unbändig – unbändig, ungezügelt, wild

Unbehauen
roher Patron
*Düsse Unbehauen fraagt nich na Vadder un Mudder, wenn he sien
Schuurn hett* – seine Anfälle.

Unchrist
Heide; Spötter
*Dat schall nich wedder vörkamen, sä de Unchrist, dat mien Vadder starvt
un ick bün dor nich bi.*

Undeert
Rohling, Scheusal (eigentl.: Untier)
Dat Undeert is so leeg, dat de Düvel mit de Schinnerkoor an em vörbifohrt.

Undöögsvagel
Mensch, der den Kopf voller *Undöög* – dummer Streiche hat
undöögsch – voll Untugenden; untauglich

Unkel
sonderbarer Mann (eigentl.: Onkel)
Du büst mi 'n schönen Unkel – du bist der Richtige.

Unklookspeler
Narr, Possenreißer
De Unklookspeler höört doch na Nummer söven – in die Klapsmühle.
unklook – unklug, verrückt

Unminsch
Person von ungewöhnlicher Größe oder Stärke; schlechter Mensch
Mit so 'n Unminsch much ick nich in een Schapp slapen – in einem
Wandbett.
unminschlich – unmenschlich, über die Maßen

'n Ünnereerdschen
Zwerg (wörtl.: Unterirdischer)
Dat is so 'n lütten Ünnereerdschen, kann knapp mit de Nees op 'n Disch
kieken.
ünnereerdsch – unterirdisch
ünnereerdschen Beamten – Tiefbautechniker

Unnütt, Unnütz
ungezogenes Kind
Gottswoort mutt veel lieden, sä de Unnütt, dor harr he den Katechismus
ünner de Jack, as he Slääg kreeg.

Uns-Herrgott-sien-Handlanger
Pastor

Uns-Herrgott-sien-Hoffegut
unbelehrbarer Optimist

Up- → **Op-**

Urwrassel
widerspenstiger Mensch

Ussel
Schwächling, Feigling [Flensburg] (dänisch *ussel* – elend, kümmerlich)
De Ussel is so stark, he kann mit 'n Handspaak (Handspeiche) *'n Muus-*
kötel to 't Lock ruutwöltern.

Utbund
Ausbund, Inbegriff aller Schlechtigkeit; übermütiger Mensch
Dat is di recht so 'n Utbund, de klaut ook noch den Düvel de Rietsticken
(Streichhölzer).

Utklöter
Viehkastrierer (*Klöten* – Hoden)

Utroper
Nachtwächter

Pjittpjatt! (Quatsch), *sä de Utroper, as man em mellen dä, de Börgermei-ster weer in 'n Stadtgraven fullen un versapen – uns Börgermeister drinkt keen Water.*

Uttrecker
Gerichtsvollzieher

Uul
Mensch mit rauhem, verworrenen Haar; Nachtwächter (eigentl.: Eule, Handfeger)

Üüts
widerlicher, unausstehlicher Mensch, Ekel; häßliches oder hochnäsiges, geckenhaftes Mädchen (eigentl.: Kröte)
De Kledaasch vun düsse Üüts is so bunt as Schümannsch ehr Ünnerrock.

üzig – scheußlich, garstig

V

Vadder Griep
Amtsdiener, Bettelvogt, Polizeidiener

Vagel
eigentümlicher, sonderbarer Mensch
Se is 'n bösen Vagel – liederliche Frau.
He is 'n bunten Vagel – er verhält sich auffällig und schrill, ist ein von der Norm abweichender Mensch, Außenseiter.

vagelig – verrückt

Vagelbunt
Vagabund (Wortspiel mit ›buntem Vogel‹)

Vedder
Vetter; seltsamer Mann
Du büst jo 'n ganzen fulen Vedder – übler Patron.

Veelfratt, Veelfreter
Vielfraß
Wenn mien Lief doch 'n Schüün weer, sä de Veelfreter, dor weer he to Hochtied inlaadt.

Veerfootskeerl
kleiner, ungeschlachter Kerl (*Foot* – als Längenmaß knapp 29 cm)

Veerogenkieker
Brillenträger

Verbreker
Verbrecher
Wat goot, den Verbreker hebbt se nu ook vun de → *Oolsch af* – er sitzt im Gefängnis.

Verdruss, Verdrusskasten, Verdrussknuppen, Verdrussknuust
stets verdrießlicher, mürrischer Mensch
De ool Verdrussknuppen maakt sick, as wenn he Peermieg an 'n Böhn nageln schall – ist so mürrisch, als sollte er Pferde-Urin an die Decke nageln (Wände und Decken wurden früher mit einer Mischung aus [Pferde-]Urin und Kalk gestrichen).

Versenkungsraat
Totengräber

Verstandskassen
altkluges Kind (eigentl.: Kopf)

Vertagensteert, Vertog, Vertreck
verzogenes, ungeratenes Kind
Pass op, du Vertagensteert: Kinner mit 'n Willen, kriegt wat op de Brillen (eigentl.: *Billen* – Pobacken)
vertehn – verziehen, verzärteln

Viez, Vize
landwirtschaftlicher Gehilfe

Volk, Volkwark(s)
Gesindel
Dat is di viellicht 'n Volk, se schieten, wenn se blasen schüllt, as de Muskanten to de Hochtied – tun alles zur unrechten Zeit.

Voss
durchtriebener, auf den eigenen Vorteil bedachter Mann (eigentl.: Fuchs)
De schall sick noch orig an de Strümp pissen, düsse Voss – soll die Rechnung ohne den Wirt gemacht haben.

W

Wackelgoos, Wackelmoors
Frau, die beim Gehen mit dem Hinterteil wie eine Gans wackelt
Wenn de Wackelgoos 'n Bessen in 'n Oors harr, kunn se de ganze Straat fegen.

Wackelkopp
unsicherer Mensch, Wirrkopf

Wallach
Kerl, (impotenter) Mann, stark herabwürdigend (eigentl.: kastrierter Hengst)

Wambach
alberner Mann (Mooringer Friesisch *woonbåk*)
Di sünd woll de Brägen in de Kopp verrummelt, du Wambach – bist wohl nicht ganz klug.
wambacken, wambacksch – mißraten, halbgar; unklug, toll, wild, wütend

Wandstrieker
Anstreicher

Waschkosak
Wäscherin

Waschlappen, Waschwiev
Mensch ohne Tatkraft, furchtsamer Mann
Beter is beter, sä de Waschlappen un bunn den doden Hund dat Muul to.

Waschsüster, Waschtrien, Waschwiev
Plaudertasche
Allens wat recht is, dat Waschwiev kann beter snacken as 'n Stummen.

Waterbuur
Bauer, der seine Milch mit Wasser verlängert; Bauer, der Beschäftigten zum Trinken Wasser bietet (statt etwa Bier)
De Waterbuur haalt sien Melk vun de blaue Koh – von der Wasserpumpe.

Waterdokter
kluger Mann, der aus dem Urin die Krankheit erkennt; Heilpraktiker, Kneipp-Arzt

Waterkatt
Seemann

Wedderdieh
eigensinniger, widerborstiger Junge (eigentl.: schlechtes Gedeihen)
Pass op, du Wedderdieh, gifft glieks 'n Gewitter mit 'n Arfenbusch – eine Abreibung.

Wedderhex
Gewitterhexe, alte Frau (die angeblich ›schlimmes Wetter‹ machen kann)

Wichtikus
Aufspieler
De Wichtikus hett sick as de Muus in de Keed – spielt sich ohne Grund auf.

Widdelwaddel
wankelmütiger Mensch [Pellworm]
De ole Widdelwaddel hett Lachen un Hulen in een Sack – ist schwankend in seinen Gefühlen.

Wiehnachtsmann
Mann, den man nicht ernstnehmen kann
Dat is man nich so as hack man Arfen, du Wiehnachtsmann – nicht so
einfach.

Wiesbüdel
Mensch, der sich gern zeigt; Exhibitionist
He is 'n Wiesbüdel un mag geern mol den lütten Fink de grote Welt wiesen
– zeigt seinen Penis.

Wiesmaker
Schwindler
Bill di man keen Steendamm in 't Liev, du Wiesmaker – bilde dir nicht zu
viel ein.
wiesmaken – weismachen, vorschwindeln

Wiesnees, Wiessnuut
neugieriger, frecher Naseweis
Düsse Wiesnees hett de ganze Bibel opfreten, un nu kann he vör Klookheit
nich wassen.
wiesnesig, wiessnutig – überklug, vorlaut, frech
Wiessnutigkeit – vorlautes Benehmen

Wietkieker
einer, der alles vorauszusehen vermeint, altkluger Mensch
Un wat nützt uns dat, wenn de ganze Snee verbrennt, du Wietkieker, denn
sitt wi dor mit all de Asch.

Wiev, Wievsbild, Wievstück
fast immer abwertend für Frau (außer in *'n smuck Wiev*)

Wievertüüg, Wievervolk
verächtlich für Frauen
Dat Wievertüüg snackt ook den ganzen Dag lang vun em un ehr – über
erotische Dinge.

Wildappel
wildes Mädchen

Wildfleuter
leichtsinniger Mensch; leichtfertiges Mädchen
So hett 't seten, sä de Wildfleuter, as se de Jümfernschopp loos weer.

Willebass
Wildfang, wilder Junge; leichtsinniges Mädchen [Flensburg]

Wimmertrien
weinerlicher, leicht klagender Mensch (vor allem Frau), Jammerlappen
Düsse Wimmertrien mag sick ook an 'n leevsten vun binnen bekieken –
schlafen.

Windbüdel, Windei
unzuverlässiger Mensch, Windbeutel, Aufschneider
De Windbüdel lüggt, dat em de Damp langs de Rüch treckt.

Windhund
sehr magerer Mann; unzuverlässiger Mensch, Aufschneider
De Windhund is so slank as 'n Bessensteel, de dreemol inknickt is.

Winkelavkaat
Winkeladvokat, schlechter Rechtsanwalt
Dat Geld mutt 'n vun de Lüüd nehmen, sä de Winkelavkaat, vun de Bööm kann 'n dat nich schütteln.

Wippsteert, Wüppsteert
unruhiger Mensch, der in seinen Bewegungen hastig ist und kein Sitzfleisch hat (auch: Bachstelze, nach ihrer Schwanzbewegung)
Ida Wüppsteert sitt op 'n Füürheerd, kaakt Swienschiet to de Hochtied.
wippsteerten – sich schnell bewegen
wippsteertig, wippsteertsch – unruhig, hastig, quecksilbrig

de Witten, witte Müüs (nur Mehrzahl)
Verkehrspolizisten

Wixer
Onanist; allgemein abfällig: widerlicher Mann
De ole Wixer is doch vun de Handwerkerinnung – zieht es vor, selbst handgreiflich zu werden.

Wohrappel
Mensch, den man nicht loswerden kann; Mauerblümchen (eigentl.: lagerfähiger Apfel, der ›aufbewahrt‹ wird)
Düsse Wohrappel mutt aver ook bi jede Fier sehn, wat de letzt för 'n Rock anhett – bleibt stets bis zuletzt.

Wölterblock
dickes Kind, das sich unbeholfen bewegt [Schwansen] (*wöltern* – wälzen)

Wöttelenn
kleine kräftige Person [Angeln] (wörtl.: Wurzelende, in der Erde steckender Teil der Mohrrübe)

Wrack
alter, kümmerlicher Mensch; mürrisches, verdrießliches Geschöpf
Dat ool Wrack süht ut, dat man Broot mit em bedeln kann – mitleiderregend.
wrackelig, wracksch – gebrechlich; mürrisch, verdrießlich

Wrackputt, Wracksnuut
mürrischer, verdrießlicher Mensch

Den olen Wrackputt kannst ook rein gor nix recht maken, he kötert den
ganzen Dag üm di rüm un schimpt as 'n → Scherenslieper.

Wrangel, Wrangelkopp, Wrangelputt
schwer zugänglicher, störrischer, querköpfiger, eigensinniger, streitsüch-
tiger Mensch; Person, die nicht stillsitzen kann
De Wrangel will ümmer dwars mit 'n Balken rin in 't Huus – mit dem
Kopf durch die Wand.
wrangelig – mürrisch, verdrießlich; unruhig

Wrant, Wrantfiesel, Wrantkopp, Wrantputt, Wrantsack
mürrischer Querkopf; verdrießliches, ungeduldiges Kind
Den olen Wrantputt hangt de Lipp bet ünner 't Knooplock.
wranten – murren, klagen; unruhig sein
wrantig, wrantsch – mürrisch, verdrossen, grämlich, streitsüchtig
Wrantigkeit – üble Laune, Ungehaltenheit

Wrassel, Wrasselbüdel, Wrasselputt
widerspenstiger, streitsüchtiger (meist älterer) Mensch
wrasselig – streitsüchtig, kurz angebunden, unzufrieden, verbockt
wrasseln – unzufrieden sein, ständig zu nörgeln haben; schwatzen

Wregelputt, Wrekel, Wrögel, Wrögelhans, Wrökel
Murrkopf, Nörgler, händelsüchtiger Mensch
Sühst woll, du Wregelputt, wenn de Muus satt is, smeckt dat Mehl bitter.
wregelig, wrekelig, wrögelig, wrökelig – mürrisch, unzufrieden, streit-
süchtig, reizbar, leicht beleidigt
wregeln, wrekeln, wrökeln – nörgeln, Händel suchen

Wrewel, Wrewelkopp, Wrewelsack
Querkopf, Nörgler
De Wrewel maakt 'n Gesicht, dor kannst Rotten un Müüs mit vergiften.
wrewelig – aufsässig, streitsüchtig, gewalttätig; mürrisch, verdrießlich,
mißmutig
wreweln – nörgeln

Wruck, Wruckdüvel, Wrucker, Wruckoors, Wruckpeter, Wruckputt,
Wrucks
Mensch von gedrungener, kleiner Gestalt; mürrischer, verdrießlicher Mensch;
Stänkerer, Streitmacher
Dat Wruckoors süht ut, as wenn he de Veehsüük erfunnen hett.
wruck – widerwillig, störrisch
wrucken – nörgeln, quaken, ärgern
wruckig, wrucksch, wrucksig – verdrießlich, unwirsch, widerspenstig;
klein, gedrungen

Wrummel
dicker, aber kräftiger Mensch

Wruschenplatt, Wruscher
einer, der sinnlos umherfuhrwerkt, unvorsichtig etwas umstößt
Steek di twee Finger in 'n Moors, denn hest noch acht, du Wruschenplatt!

wruschen, wruuschen – mürrisch, böse aussehen
wruschig – ungenau bei der Arbeit

Wrussel
vierschrötiger, untersetzter Mensch; dickes, unbeholfenes Kind; Mensch, der trotz fleißiger Arbeit nichts fertigbekommt
De Wrussel hett 'n Moors as halv Blickstedt (Dorf im Dänischen Wohld).

wrusseln – sich sinnlos abarbeiten

Wummel
vierschrötiger Mensch
De Wummel hett 'n Kopp as 'n Klosterbull – einen Stiernacken.

Wümmelmoors
Mensch mit dickem Hintern
De Wümmelmoors hett würklich 'n guden Charakter – ein ausladendes Hinterteil.

Wustbüdel
Dummkopf (wörtl.: Wurstbeutel, Wurstpelle)
De Wustbüdel mutt doch 'n Brett vör 'n Kopp hebben mit dreemol ›dösig‹ op.

Wustbull
nachgebliebener, unverheirateter Bauernsohn (der mit Leidensgenossen den Tresen von Dorf-Gastwirtschaften ziert und eigentlich nur noch ›zur Verwertung in der Wurst‹ taugt)

Wuutangel, Wuutkopp
Wüterich, jähzorniger Mensch
De Wuutangel süht so suur ut, as wenn he Etig pissen will.

Z

Zansel, Zanzel
unordentliche Frau, Klatschweib
De ole Zanzel snackt sick noch mol de Swindsucht an 'n Hals.

zanzeln – unordentlich sein, alles verlieren und verstreuen

Zauster- → **Sauster-**

Zeeg, Zick, Zieg, Ziff
häßliche, eingebildete, bockige Frau, zänkisches Mädchen (wörtl.: Ziege)

Zegenbuck
Schneider; bockiger Junge

Ziep- → Sibb-

Zimtzeeg, Zimtzick
häßliche, zänkische Frau; allgemein abfällig
De Zimtzeeg is egaalweg an 't Schimpen un Schafutern.

Zipp
dummes Mädchen; widerborstige, streitbare Frau (eigentl.: weibliches Kaninchen)
De Zipp is so dösig, de kennt noch nich mol dat grote ABD.

Zippeltrien
Heulsuse, wehleidige Frau (wörtl.: Zwiebeltriene)
De is vör jede Fleeg bang, düsse Zippeltrien.

Zipperlieschen, Zippetripp, Zippliese
zimperliches, prüdes Mädchen
Dat Zipperlieschen is een för 't Glasschapp – so empfindlich, daß man sie am besten hinter Glas stellt.

zipp, zippelig, zipperig – zimperlich, prüde, geziert

Zitterkathoolsch, Zitterkatusch
aufgetakelte, vergnügungssüchtige Frau
De hett 'n schöön Zitterkatusch to Huus bröcht, de süht jo ut as 'n afruppte Adebar.

Zuckertähn
Naschkatze
Na, du lüttje Zuckertähn, magst ook gröne Seep?

Zuller- → Suller-

Zwetsch
dummes Mädchen; allgemein herabwürdigend für Frau (eigentl.: Zwetschge, Pflaume, sexuelle Anspielung)
De ool Zwetsch is ook so 'n beholen Goot – sie bekommt keinen Mann.

Zitterkathoolsch

199

Wegweiser

1. allgemein schlechter Mensch: vorlaut, derb, grob, herrschsüchtig, rüpelhaft, gemein

Aas
Aasbeest u.a.
Adder
Allerdreedüvelskeerl u.a.
Apenpinscher
Aus
Bagaluut
Ballerbüdel u.a.
Baschan
Beest
Bengel
Bieter
Blaff u.a.
Blootsuger
Bölker u.a.
Bommbüdel
Bonewart
Boor
Braller u.a.
Bräsel u.a.
Bratscher
Breekmittel
Briet
Broder
Brülloss
Buffel u.a.
Bull u.a.
Bullenbieter
Bullerback(s) u.a.
Bumann
Bunk
Buschemann u.a.
Bütt
Büttoog
Buur u.a.
Deert
Deev
Deubel u.a.
Ding

Discher
Dönner u.a.
Driefsnuut u.a.
Drook u.a.
'n Dulle u.a.
Düvel u.a.
Ekel u.a.
Fief-Penns-Keerl
Fischkopp
Flööz u.a.
Fotzenlicker
Fratz
Fruunsminsch
Futtjen u.a.
Galgenkandidaat u.a.
Gast
Goliath
Graverjahn
Grieper
Groffbäcker
Gröölasmus u.a.
Hackenbieter u.a.
Hans-Blaffert
Hans-Klabatsch
Hans-Oors u.a.
Hans-wedderlich
Haublock
Hauer
Hauptkeerl u.a.
Heid u.a.
Held
Hex
Himmelhund u.a.
Hinnerk
Hisser
Höhnerdeev
Höhnermoors
holl
Holsteener

Hornoss
Hund u.a.
Hupen
Iesboor u.a.
Jan-Brass
Jette
Kacker u.a.
Kackerlack u.a.
Kalfakter u.a.
Kanallje
Keerl
Klopper
Klumm(e) u.a.
Knaak u.a.
Knakenbreker
Knast
Knecht
Knoop
Köter
Kujoon
Kumpaan
Kütenfreter u.a.
Lump u.a.
Luushund u.a.
Matz-Fotz
Mettenmoors
Minsch
Misser u.a.
Moors u.a.
Muulpisser
Muurnbreker
Nillenkopp
Nix u.a.
Nöötfink u.a.
Oolsch u.a.
Oorsknaken
Paas
Paltenhauer u.a.
Patroon

Pertrett
Piesacker
Pieschbüdel u.a.
Piesepampel
Pilster
Pisser u.a.
Pjalt
Plietikus u.a.
Plumm(en)steenschieter
Plünnenjakob u.a.
Pracher u.a.
Priemelputt
Pulterbrook u.a.
Raasterer u.a.
Rabauk(e)
Rand
Roggenwulf
Röhr-um u.a.
Rottenbieter
Rottenfoot u.a.
Rövenswien
Rülps
Runks
Ruppneger u.a.

Ruten-Utspeler
Saalhund
Sack u.a.
Saftbüdel u.a.
Satan u.a.
Schaffangel u.a.
Scharn u.a.
Scheefmuul u.a.
Scheethack u.a.
Schiethannes u.a.
Schinner
Schraalhals u.a.
Schrachelhans u.a.
Schreehals u.a.
Schröölhans
Slacks
Sleev
Slööks u.a.
Slump
Slüngel u.a.
Snippert u.a.
Söög
Sottewer u.a.
Strick

Strolch
Stück
Suppenswien
swatte Mann
Swien u.a.
Swienpietscher
Swienskopp
Teev u.a.
Trabant
Trampel u.a.
Trien u.a.
Unbehauen
Unchrist
Undeert
Unkel
Unminsch
Utbund
Üüts
Voss
Wallach
Wiev u.a.
Wixer
Zimtzeeg u.a.
Zwetsch

2. Draufgänger, unbändiger Mensch

Aas
Allerdreedüvelskeerl
u.a.
Baas u.a.
Bagaluut
ballstürig
Bambuus
Baschan
Beest
Bengel
Bommbüdel
Bratscher
Breker
Briemer
Briet

Broder
Danzbaron
Deert
Deubel u.a.
Dönner u.a.
Dörbrenner u.a.
Dragoner
Drievenkiel u.a.
Drook u.a.
Dullband u.a.
Dusendkünstler u.a.
Düvel u.a.
Feger
Feldwevel
Fohr-to

Füürfreter u.a.
gluupsch
Hartdriever
Hauptkeerl u.a.
Hellbessen u.a.
Hittkopp u.a.
Husoor
Johann-kehr-di-an-nix
Kanditer
Kanuut u.a.
Kaptein
Kehr-di-an-nix
Klabater u.a.
Klapphingst u.a.
Klopper

Klopp-in-de-Brie	Ruschenplaat u.a.	Ümrieter
Kökendragoner	Rüter	Unband
Kratzböst	Ruuchbeen u.a.	Utbund
Raudi u.a.	Sla-doot	Wildappel
Regenter	Sla-dorop u.a.	Wildfleuter
Reuster	Splietendaal	Willebass
Rietendaal	Stöötboom	
Rule	Störtebeker	

3. freches, lästiges, unangenehmes Wesen

Aas	Flegel	Negenklook
Bagaluut	Flööz u.a.	Nevelkreih
Ballerbüdel u.a.	Frechdachs u.a.	Niesnaas u.a.
Bambuus	Göör	Pageluun
Beest	Hahn	Pamp u.a.
Bengel	Hans-Blaffert	Preester
Blootsuger	Hechtkötel	Quäälgeist u.a.
Bölker u.a.	Höhnermoors	Rabauk(e)
Bonewart	Iesche u.a.	Racker
Braller u.a.	Jan-Brass	Rappmuul u.a.
Bräsel u.a.	Jan-Klook u.a.	Rasmus u.a.
Breekmittel	Kanuut u.a.	Raudi u.a.
Briet	Klaagkatt u.a.	Regenter
Broder	Klapphingst u.a.	Rottenfoot u.a.
Brülloss	Kleevluus	Rotzbengel u.a.
Bull u.a.	Kleikater u.a.	Rövenswien
Bullerback(s) u.a.	Klookschieter u.a.	Röver
Bunk	Kluckhehn	Sappkeek
Dibberbüdel u.a.	Knaak u.a.	Sappmuul
Dickfreter	Kratthacker u.a.	Schraadlöper u.a.
Dicksnuut	Kreihhahn	Schreckschruuv
Driefsnuut u.a.	Krööt u.a.	Slaps u.a.
Drook u.a.	Kukuuksei	Slüngel u.a.
Dullband u.a.	Lästermuul	Snappboort u.a.
Eckenpisser	Lulatsch(er)	Snippert u.a.
Fall-in-(de)-Brie u.a.	Lümmel	Snöösbösel u.a.
Fief-Penns-Keerl	Luusangel u.a.	Snottenlicker u.a.
Filit u.a.	Mettenmoors	Snurrbüdel u.a.
Fischwiev	Misser u.a.	Sparkbeen u.a.
Flapp(s) u.a.	Neeswater	Stah-in 'n-Weg

Streefkatt   Unnütt u.a.   Wiesnees u.a.
Swulermoors   Verstandskassen   Zegenbuck
Trabant   Vertagensteert u.a.

4. haltloser, liederlicher, unzuverlässiger Herumtreiber

Aas   Geldverfluttjer   Lootgeter
Allmannsbruut u.a.   Grandjer u.a.   Luder u.a.
Bagaluut   Halodrian   Luftikus
Bambuus   Halvjunkengänger   Lump u.a.
Bandit   Hamborger Kind   Luusangel u.a.
Bratscher   Handwarksburs(ch)   Luushund u.a.
Briemer   Hangelbangel   Mamsell
Briet   Hans-Damp u.a.   Mitsnacker
Broder   Hans-Lügg   Monarch
Brutenmaker u.a.   Hans-Nachtigall   Moschü u.a.
Bummelant   Heid u.a.   Mümmelbüdel u.a.
Dagdeev u.a.   Heiduck   Muusfallenkeerl
Daustrieker(sch)   Heiopei   Nachtgeist u.a.
Dögenix u.a.   Hinnerk   Nattsack
Dörbrenner u.a.   Hollänner   Nickel
Dörbringer   Hoor   Nix u.a.
Drievenkiel u.a.   Hoorbuck u.a.   Nuddel u.a.
Dusendkünstler u.a.   Hummel   Petz
Eckenstaher   Hüpp-op-'e-Bull   Pilster
Ewer   Ietjer   Polkamadam
Fechtbroder u.a.   Jan-Allerlei   Puus
Fell   Kaakhoor   Quackeler
Fickefacker u.a.   Kadett   Quant
Filit u.a.   Keerl   Rasmus u.a.
Fladdervagel   Kehr-di-an-nix   Raudi u.a.
Fleut u.a.   Klenterbüdel   Rumdriever u.a.
Flidderfladder u.a.   Köter   Rumdrieversche u.a.
Flöh(n)büdel   Kujoon   Rüter
Flunki   Kumpaan   Schanddeern u.a.
Fluus u.a.   Laban(d)   Scheethack u.a.
Foos   Latscher   Schiet u.a.
Fotz(e)   Lichtflünk u.a.   Schubjack
Fumfei   Lick-an-Proppen   Sebenbinner u.a.
Fummel u.a.   Lieschen Allerlei   Slarpentrien u.a.
Funsel u.a.   Loorbass u.a.   Sleev
Gammler   Loosdriever   Slickfies u.a.

Slieper(sch)	Strümp u.a.	Taltersch
Slöpendriever u.a.	Strunt u.a.	Tööt
Sludderbrook u.a.	Swien u.a.	Vagelbunt
Stratenaas u.a.	Swierbroder u.a.	Windbüdel u.a.
Striekersch	Swietjee	Windhund
Strolch	Swutscher	Zitterkathoolsch u.a.
Stromer u.a.	Swutscherdeern	

5. Dickkopf: starrsinnig, streitsüchtig, jähzornig

Bessen	Hamel u.a.	Krööt u.a.
Bessenbinner	Hans-Hebberecht	Kruuskopp
Bieter	Hans-röhr-um	Kullerhahn
Bonewart	Hans-wedderlich	Luunkopp u.a.
Boor	Hauer	Mackeprang
Brammer	Hebberecht(sch)	Mükenmaker u.a.
Bruusboort u.a.	Hechtkötel	Neetangel u.a.
Buck	Hellbessen u.a.	Nieselpriem
Bullenbieter	Hittkopp u.a.	Niesterkopp
Buttkopp u.a.	Höllenbessen	Oss u.a.
Deert	'n Horige(n)	Pamp u.a.
Dickkopp	Huusdüvel	Patzkopp
Diesbuck u.a.	Iewerkopp	Piesepampel
Dietjen u.a.	Ilk	Pocher u.a.
Dragoner	Jaulkopp u.a.	Preckelnbreker
Druusboort u.a.	Jiffel u.a.	Preithahn u.a.
'n Dulle u.a.	Kalfakter u.a.	Pulterbrook u.a.
Düvel u.a.	Kaptein	Puut
Dwarsbüdel u.a.	Ketelflicker	Queesbartel u.a.
Dweerbuck u.a.	Kielkopp	Querbüdel u.a.
Egenbuck u.a.	Kleikater u.a.	Rand
Feldwevel	Knieptang	Randschooster
'n Füünschen	Kniesnack	Rantantersch
Füürfreter u.a.	Knuust u.a.	Rappelkopp
Ganner	Kökendragoner	Rasmus u.a.
Gewitterhex u.a.	Krakeeler	Reekamm
Giftangel u.a.	Kratthacker u.a.	Rezessersch
Giftnudel u.a.	Kratzböst	Rick
Gretzkopp	Krawallmaker	Riesbessen
Griesboort u.a.	Kreetler u.a	Sappmuul
Gröölasmus u.a.	Kreih	Satan u.a.
Habakuk	Kribbelkopp	Schraadlöper u.a.

Schrappnell	Striethamel u.a.	Wregelputt u.a.
Schruuv	Stuurkopp	Wrewel u.a.
Sebenbinner u.a.	Tuuts	Wruck u.a.
Splietendaal	Urwrassel	Wuutangel u.a.
Stankbüdel u.a.	Wedderdieh	Zeeg u.a.
Stiefkopp u.a.	Wiev u.a.	Zimtzeeg u.a.
Stinkbüdel u.a.	Wrangel u.a.	Zipp
Streefkatt	Wrassel u.a.	

6. Nörgler: mürrisch, neidisch

Brummboor u.a.	Jappelmoors u.a.	Pracherdeern u.a.
Dibberbüdel u.a.	Jaulkopp u.a.	Quäälgeist u.a.
Druusboort u.a.	Kniesnack	Quarkbüdel u.a.
Dwarsbüdel u.a.	Knurrbass u.a.	Quarrbüdel
Dweerbuck u.a.	Kreetler u.a.	Queesbartel u.a.
ebentüürsch	Krintenkacker u.a.	Quengel u.a.
Ekel u.a.	Krömelkacker u.a.	Sauler
Gnaasterboort u.a.	Lästermuul	Scheefboort
Gnarrer u.a.	Liepruun	Schraadkieker
Gnatter u.a.	Luunkopp u.a.	Sniffer
Gneerketel	Meckerbüdel u.a.	Snutentrecker
Gnegel(er) u.a.	Meckerfotz u.a.	Spottangel
Gneterputt	Miesepeter u.a.	Suurkruuk u.a.
Gniedelbass u.a.	Mops	Truurkloot u.a.
Gniesgnarr	Muffel u.a.	Verdruss u.a.
Gniffel	Murrjahn	Wrack
Gnitterklaas u.a.	Nadreger(sch)	Wrackputt u.a.
Gnurrhahn u.a.	Neeswater	Wrangel u.a.
Gnuusbüdel u.a.	Nötentröster	Wrant u.a.
Gretzkopp	Ökerbüdel u.a.	Wregelputt u.a.
Griesgramm	Pamp u.a.	Wrewel u.a.
Hanne-gnegel-Putt	Patzkopp	Wruck u.a.
Iewerkopp	Piatt u.a.	

7. Dummkopf: töricht, einfältig, rückständig

Aalversuper	Appeldwalje u.a.	Bleier u.a.
Aap u.a.	Baadgast	Blindfisch u.a.
Alheit u.a.	Backenbliever	Blindflansch
Allmannsfründ u.a.	Biesterbarg u.a.	Blöödkopp u.a.
Ammerkacker	Blaas	bregenklöterig

Büffelkopp
Bumskopp
Bütt
Buttkopp u.a.
Buur u.a.
calvinsch
Däämlack u.a.
Daddi u.a.
Deibank
Dickmoorsen
Ding
Discher
Dittenpedder
Dödelbüdel
Doofkopp u.a.
Döösbartel u.a.
Dösch u.a.
Dröögbüdel
Drümpel
Ducks u.a.
Dukatenkacker u.a.
Dummbatz u.a.
Dünnscheet u.a.
Dussel u.a.
Dussklemmer
Duvenmelker
Dwaller u.a.
Dwasselbüdel
Ebbkopp
Eierkopp
Esel
Fock
Fummel u.a.
Gaapstock
Geck
Geestkeerl u.a.
Goos
Gössel
Gottswoort-vun
  'n-Lann
Grüttbüdel u.a.

Halligschaap
'n Halvbackten
halvklook
Hamel u.a.
Handudel
Hannerling
Hans-Dumm u.a.
Hans-Harlekin u.a.
Hehn
Hein-Dowi
Heini u.a.
Hess
Hinnerk
holl
Holtkopp u.a.
Hornoss
Hottlepott u.a.
Idi u.a.
Jan-Dumm
Jan-Gatt
Jappelmoors u.a.
Jette
Jochen u.a.
Jule
Kaffer
Kameel
kathoolsch
Kiek-in-de-Welt u.a.
Kielkopp
Klaas u.a.
Klapskalli
Klümp u.a.
Klütenkopp u.a.
Knaller u.a.
Koh
Kohmoors
Landheini
Lapp u.a.
Maandkalv
Maiaap
Maikatt u.a.
Mallaap u.a.

Moors u.a.
Mops
Nachtuul u.a.
Nappnees
Narr
Nöötknacker
Öölgötz
Oss u.a.
Pannkoken
Pappschinees u.a.
Petott
Piepenkopp
Piffer u.a.
Plattfoot u.a.
Priemelputt
Proppensnieder u.a.
Provinz-Idiot
Quabbenkopp
Quast
Reff
Rick
Schaap u.a.
Schnarchlappen
Schooster u.a.
Sellhorn u.a.
Sempoog
Spiktakelminsch u.a.
Sprietkopp
Stiefkopp u.a.
Stiffel
Stjamp u.a.
Strümpschächt
Stück
Talp
Tappel u.a.
Teeketel u.a.
Titeltatel
Toffelotte u.a.
Töns
Torfkopp
Toss u.a.

Trart u.a.	Tüffel u.a.	Tuut
Trien u.a.	Tump u.a.	Tuuthorn
Trulla	Tüns u.a.	Wackelkopp
Trump Söss u.a.	Tunt u.a.	Wiehnachtsmann
Truschuld	Tusnelda	Wustbüdel
Truut u.a.	Tussel u.a.	Zipp
Tüdelbüdel u.a.	Tuttsack	Zwetsch

8. alberner Mensch, Frohnatur, Streichemacher

Aalversuper	Hüscherkalv	Peter-Lustig
Appeldwalje u.a.	Huucheltasch u.a.	Poppenspeler
Berliner	Jalp	Putzenmaker(sch)
Bumann	Jan-Allerlei	Quant
Dööntjenmaker u.a.	Jan-Kachel-ut-Egen-	Quast
Ducks u.a.	büttler-Holt	Racker
Dusendkünstler u.a.	Jauk	Schelm
Dwaller u.a.	Jitt u.a.	scheve Dree
Faxenmaker	Jökelklaas	Schrachelhans u.a.
Fick(en)verteller u.a.	Kakelmoors u.a.	'n Schunzige
Fiesematentenmaker	Kalv u.a.	Sluusohr
Gaudeev	Kanditer	Snaak
Gludderputt u.a.	Kasper u.a.	Snutensnieder
Gnickerbüdel u.a.	kathoolsch	Spaasbüdel u.a.
Grappenmaker	Kloon	Spalkmaker
Grienaap u.a.	Kneepmaker	Speelfieken u.a.
Hans-Dumm u.a.	Krück	Spijökenmaker u.a.
Hans-Harlekin u.a.	Lachfatt u.a.	Spiktakelminsch u.a.
Hans-Oors u.a.	Lurendriever	Tauk
Hasenköster	Luusangel u.a.	Treerksch u.a.
Heiopei	Luushund u.a.	Uglitz u.a.
Hess	Mallaap u.a.	Ulenfänger u.a.
Hirk u.a.	Mars-Ulenbrook	Ulks
Hitschenplitsch	Moschü u.a.	Undöögsvagel
Hoppesbegünnt	Mükenmaker u.a.	Unklookspeler
Hoppheister	Narr	Uns-Herrgott-
Hummel	Paik u.a.	sien-Hoffegut
Hüpp-op-'e-Bull	Pajatz u.a.	Wambach

9. unreifer, unwichtiger Mensch, verzogenes, verzärteltes Kind

Apenpinscher
Aschenpösel(sch) u.a.
Baas u.a.
Bankdrückersch u.a.
Bengel
Bilöper
Blangenlöper
Bokel u.a.
Boküüz
Botterlicker
Bräsel u.a.
Briefreter
Brootbüdel u.a.
Buttje(r)
Büxenschieter
Dietjen u.a.
Dopp u.a.
Dreekeeshooch u.a.
Dünnbeer u.a.
Dünnscheet u.a.
Dutt u.a.
Dwarspisser
Eckenpisser
Faatdook
Fattholer u.a.
Fips
Fittjepopp
Flöhfotz
Gedips
Göör
Gössel
Grasmieger
Gröönsnavel
Haas u.a.
'n Halvbackte(n)
Hampelmann
Handschen u.a.
Handvull
Hans-help-mi-man
Hehn

Hein-duuk-di
Heini u.a.
Held
Hewel u.a.
Höcken u.a.
Hupen
Hüscherkalv
Ja-Broder u.a.
Jalp
Jan-Dörchnatt
Jan-Gootbloot
Jinkel
Jitt u.a.
Kaffedrinker u.a.
Kalv u.a.
Kanink u.a.
Karkendörteihn
Kiek-in-de-Welt u.a.
Klabater u.a.
Knackwust
Knecht
Kreatur
Küken
Kukerjung u.a.
Lichtflünk u.a.
Maikatt u.a.
Mammajitt
Mehlbüdel u.a.
Mickerbüdel
Moderdietjen u.a.
Mucker
Mümmelbüdel u.a.
Muurpisser
Nachthoot u.a.
Nasleper(sch)
Neeswater
Nesthüker u.a.
Nix u.a.
Nootknecht u.a.
Pappschinees u.a.

Peselpopp
Peter-Puup
Pewerklaas u.a.
Piepenschieter u.a.
Pieschbüdel u.a.
Pietjer
Piffer u.a.
Pooks u.a.
Preckelsnieder
Pussel
Puups
Quidips
Räuber
Rotzbengel u.a.
scheve Dree
Schiet u.a.
Schiet-in-de-Büx u.a.
Schraffel u.a.
Sempoog
Slappsteert u.a.
Slicksöler
Snöösbösel u.a.
Spijinkel u.a.
Spöker
Sprockheister
Stackel u.a.
Steertholer
Stoppelhopser
Strull-an-de-Wand
Tittenkind u.a.
Treerksch u.a.
Truschuld
Tüschekalv
Verstandskassen
Vertagensteert u.a.
Widdelwaddel
Wiehnachtsmann
Zipperlieschen u.a.

10. Angeber, eitler, eingebildeter Mensch

Aap u.a.
Abekatt
Angever
Blaas
Blaff u.a.
Blafferkatt
Braller u.a.
Brammer
Braschbüdel u.a.
Bratscher
Brootfreter
Buntbüx
Dickfreter
Dicksnuut
Dröhnbartel u.a.
Ducks u.a.
Flapp(s) u.a.
Flipp-Flapp
Flubbersack
Fohrtüüg
Fregatt
Geck
Geelsnacker u.a.
Grasapp
Gröölasmus u.a.
Grootflapp u.a.
Hahn
Hans-Brasch
Hans-Dünk
Hans-Oors u.a.
Hans-sühst-mi-woll
Hauptkeerl u.a.

Hein-Fienbroot
Hoochdraver u.a.
Jumfer Zipp
Keek u.a.
Kläffer u.a.
Klederschapp
Klickertasch u.a.
Klookschieter u.a.
Kötelklöver
Kreihhahn
Krööt u.a.
Kumm-man-her-un-
sühst-mi-woll
Madam
Maiaap
Musche-Nüüdlich-ut-
de-Delikatessenstraat
Muulheld
Naklaffer u.a.
Nevelkreih
Pageluun
Pastüür u.a.
Peselpopp
Pingstoss
Pinsel
Plappergatt u.a.
Pluusterback u.a.
Pocher u.a.
Pomadenheini
Prahler u.a.
Preckelsnieder
Preithahn u.a.

Puut
Rappmuul u.a.
Schabrack
Scheelteek
Schröölhans
Slangenfänger
Smuckbüx u.a.
Spinner
Spradebass
Spreekbüdel
Spretter
Staatspopp
Stadtklatt
Stadtmaratz
Stolzmadam u.a.
Strohlüder
Struutsch(e)
Swabbelmoors
Swadronöör
Tauk
Tierbuck
Trippeltrien
Tüünbüdel u.a.
Üüts
Wichtikus
Wiesbüdel
Windbüdel u.a.
Windhund
Zeeg u.a.
Zitterkathoolsch u.a.

11. nervöser, übereifriger, Unruhe verbreitender Mensch

Apenlock u.a.
Baron von Unruh
Benterbüx u.a.
Brand
Dörpshehn

Dörpsköter
Dullband u.a.
ebentüürsch
Feger
Fleeg-in 'n-Brie u.a.

Flinkfoot u.a.
Hampelmann
Hans-Damp u.a.
Hartdriever
Heesbees

Heini-kann-allens
Hibbel u.a.
Hiddelbüx u.a.
Hisser
Hitschenplitsch
Hoddel
Hummel
Jachterkopp
Jackelmoors
Jiddel u.a.
Köterlock u.a.
Proscheckenmaker
Quicksteert
Rackerdüvel

Rappelkopp
Reekamm
Rementer
Rezessersch
Röhrpeter
Röög-mi-nich-an
Ruschenplaat u.a.
Schesterbüdel u.a.
Schiddelbüx
Schöölmoors
Schrubber
Schüürbessen u.a.
Söckfoot
Spaddelbeen u.a.

Spiddel u.a.
Spoo-di-gau
Sprauelspink
Spring-in-de-Büx u.a.
Staker(sch)
Störtendaal u.a.
Streefkatt
Suus-in 't-Land u.a.
Swicksteert u.a.
Swienpietscher
Unband
Wippsteert u.a.
Wrangel u.a.
Wruschenplatt u.a.

12. geschwätziger, neugieriger Mensch, Ränkeschmied, Lügner

Apenkroos
Babbelboort u.a.
Basterkeek
Blabberboort u.a.
Blaff u.a.
Blafferkatt
Blallerjochen
Blubberboort u.a.
Braschbüdel u.a.
Dibberbüdel u.a.
Dööntjenmaker u.a.
Dörpszeitung
Dröhnbartel u.a.
Fang-up
Faselhans u.a.
Feerhehn
Festerbütt
Fick(en)verteller u.a.
Finstergaffer u.a.
Fischwiev
Flipp-Flapp
Flubbersack
Flunkerbüdel u.a.
Fraag-em u.a.
Gabbeltasch

Geschichtenverteller
Giftmischer
Grelloog
Gröölasmus u.a.
Grootflapp u.a.
Häkelbüdel
Hans-Brasch
Hans-Lügg
Hasenköster
Hekeltähn
holl
Jaapsnavel
Jan-Brass
Kakelmoors u.a.
Keek u.a.
Ketelflicker
Kiek-in-de-Köök u.a.
Kiek-üm-de-Eck
Kiek-ut
Klaas-Klöön
Kläffer u.a.
Klatschmuul u.a.
Kleppertasch
Klickertasch u.a.
Klöönboort u.a.

Klöterbüss u.a.
Kökenkieker
Kukeluur(sche) u.a.
Labberkeek
Lästermuul
Laukerbüx
Legenbuck u.a.
Lemmelmütz
Luchsoog
Luukohr
Luurpuus
Miesmaker
Muulheld
Muultasch
Naklaffer u.a.
Nieliputt
Opsnieder
Peperlock
Peter-Lügg
Peter-Neeschier
Petuhtante
Plappergatt u.a.
Plöterbüss u.a.
Praatjer u.a.
Prahler u.a.

213

Priembüdel	Scherenslieper	Swabbelmoors
Putt(en)kieker u.a.	Schöölbütt u.a.	Swadronöör
Quackeler	Schraffel	Swallerbroder
Quasselbüdel u.a.	Schüffer	Swöger(sch) u.a.
Quatschbüdel u.a.	Sibbellieschen u.a.	Swulermoors
Raasterer u.a.	Sitt(el)goos	Takelsüster
Rantantersch	Slabberbütt u.a.	Tätel u.a.
Rappelboort u.a.	Slechtmaker	Tiedendreger
Rappmuul u.a.	Sluderbass u.a.	Trart u.a.
Repeltähn	Snackbroder u.a.	Tüdelbüdel u.a.
Röhr-um u.a.	Snatergatt u.a.	Tudelmütz
Rönnhaspel	Sniffer	Tuntbüdel
Röösterputt	Snippert u.a.	Tüünbüdel u.a.
Rötelbüx u.a.	Snöterlieschen u.a.	Tuutoors
Ruffelwiev u.a.	Snückerfritz	Tweernbüdel u.a.
Sabbelboort u.a.	Snuuv-in-de-Grütt u.a.	Waschsüster u.a.
Sappkeek	Sövenmulenwiev u.a.	Wiesmaker
Sauster(sch) u.a.	Spottangel	Wiesnees u.a.
Schandudel	Sullerer u.a.	Zansel u.a.

13. heuchlerischer, schmeichlerischer, hinterlistiger Mensch, Schmarotzer

Aas	Ilk	Piesacker
Adder	Katt	Plumm(en)strieker
Allmannsfründ u.a.	Kleevluus	Putzenmaker(sch)
Anköteler	Kötelkacker	Rand
Bibelforscher	Kruper u.a.	Schandmuul u.a.
Duker u.a.	Kujoon	Scheelteek
Dumendreiher	Kungelputt	Schöölbütt u.a.
Fiechelbroder u.a.	Leegsnacker u.a.	Sirupsbengel u.a.
Filax	Lick-an-Proppen	Slang
Filister	Linkmichel	Slieker u.a.
Filit u.a.	Lootgeter	Sliemschieter
Fotzenlicker	Luder u.a.	Slierer
Gattenlicker	Lurendreiher	Slöpendriever u.a.
Glattsnacker(sch) u.a.	Lüsteroog	Smuser u.a.
gluupsch	Luurbüdel	Snutensnacker(sch) u.a.
Hackenbieter u.a.	Moorskruper	Söötsnacker u.a.
Hackenkieker	Mucker	Spieniff
Hallelujabroder	Nassauer	Steertholer
Hans-röhr-um	'n Natten	Swien u.a.
		Truid

14. geiziger, gieriger Mensch, Kleinigkeitskrämer

Blootsuger	Knicker u.a.	Penn(en)schieter u.a.
Feeg-in-Sack	Kniepdüvel u.a.	Pingelputt
Filister	Knies u.a.	Pinnhund u.a.
Geldbüdel u.a.	Knüffel	Püttjer u.a.
Giezangel u.a.	Kötelkacker	Puttschraper
Gnegel(er) u.a.	Krintenkacker u.a.	Puuchlappen u.a.
Graps(ch)er u.a.	Krömelkacker u.a.	Quarkbüdel u.a.
Heek(s)kopp	Luusfink u.a.	Quoser
holl	'n Natten	Raffmichel
Hollänner	Nauke	Schillingputzer
Hoorklöver	Neetangel u.a.	Schraap-op 'n-Born
Jan-Giez	'n Nerige(n)	Schraper
Klüftkopp	Nickeldreiher	Sitt-op 'n-Sack
Knacker	Niesnaas u.a.	Spoor-wat
Knapphöker	Nöötfink u.a.	Voss

15. ängstlicher, übervorsichtiger, weinerlicher, feiger Mensch

Bangbüx u.a.	Hoor	Piepenschieter u.a.
Belegg-mi-dat	Hüscherkalv	Piffer u.a.
Blarrbüdel u.a.	Huulmichel u.a.	Priembüdel
Duker u.a.	Ja-Broder u.a.	Promüschen u.a.
Faatdook	Jammerkratsch u.a.	Quarrbüdel
Fattholer u.a.	Jauk-Lock	Quengel u.a.
Feigling	Jaulkopp u.a.	Röög-mi-nich-an
Fienpüschen	Jumfer Zipp	Schaambüdel
Flieptrien	Karnmelkskalv u.a.	Schaap u.a.
Flöhfotz	Klaagkatt u.a.	Schiet-in-de-Büx u.a.
Futtjen u.a.	Klammermütz u.a.	Schisser
'n Geelhorigen	Kukerjung u.a.	Schraap 'n-Püüster u.a.
Haas u.a.	Luurbüdel	Semann
Hampelmann	Maddelbüx	Sibbellieschen u.a.
Handdook	Mammajitt	Sickerbüx
Handschen u.a.	Miemer u.a.	Slappsteert u.a.
Hans-bliev-to-Huus	Moderdietjen u.a.	Sliemschieter
Hans-Hasenfoot	Möschenboort u.a.	Slippenslieker
Hein-duuk-di	Mucker	Sluut-to
Held	Nesthüker u.a.	Snieder u.a.
Hewel u.a.	Ningeldreiher u.a.	Swiemeltasch
Hintepetinte	Nuddel u.a.	Swiesterlieschen
Höcken u.a.	Piatt u.a.	Swöger(sch) u.a.

Tauk	Trippeltrien	Wackelkopp
Tittenkind u.a.	Tudelmoors	Waschlappen u.a.
Traanfunzel u.a.	Tüschekalv	Wimmertrien
Treerksch u.a.	Tuutkann	Zippeltrien
Triensibbelsch	Ussel	Zipperlieschen u.a.

16. fauler, träger, langweiliger, verträumter Mensch

Belegg-mi-dat	Klaas-Klöön	Sitt(el)goos
Briefreter	Kleibüdel u.a.	Sitt-op 'n-Sack
Bückel u.a.	Kluckhehn	Slaapmütz u.a.
Bummelant	Koh	Slappsteert u.a.
Bummelbüx	Laaks	Slarpentrien
Dagdeev u.a.	Latscher	Sleephack u.a.
Dammel u.a.	Lemmelmütz	Sleevjochen
Dödelbüdel	Luftikus	Slickfies u.a.
Dögenix u.a.	Mattis-Loi	Sliekermoors
Drees u.a.	Michel	Slippenslieker
Driefeselbüdel	Miemer u.a.	Slops
Drieseler u.a.	Mops	Sluff u.a.
Dröhnbartel u.a.	Nachthoot u.a.	Sneerpuus
Drömer u.a.	Nasleper(sch)	Stillsittersch
Drucksbüdel	Nesthüker u.a.	Stubbendrögersch
Drüs(e)ler u.a.	Niesnaas u.a.	Stuvenstinker
Dwaddel	Nöler u.a.	Sünnerklaas
Eckenstaher	Nusseler u.a.	Süselmett
Flöhnpeter	Paltenhauer u.a.	Taasbüdel
Fludderklaas u.a.	Pappschinees u.a.	Talp
Flunsch	Pesel	Taltergoos
Fluus u.a.	Petersillenschieter u.a.	Taps u.a.
Fulenzer u.a.	Pruddellieschen	Tarrtrien
Gammler	Prüntjerbüdel	Teekrögersch
Goosoog	Püttjer u.a.	Titeltatel
Hangelbangel	Püüster	Traanfunzel u.a.
Hans-Fuulwust	Rekel	Trump Söss u.a.
Hans-Goornstohl	Roggenwulf	Tucksbüdel
Hans-Loi	Röhrpeter	Tüdelbüdel u.a.
Hans-vun-een-Lier u.a.	Rökelrump	Tündelbüdel u.a.
Havenbuttjer u.a.	Rump	Waschlappen u.a.
Höhnerdeev	Runks	Wohrappel
Jappelmoors u.a.	Saftbüdel u.a.	
Kiek-in-de-Welt u.a.	Schnarchlappen	

17. ungeschickter, oberflächlich arbeitender Mensch, Stümper

Appeldwalje u.a.
Athleten
Bleier u.a.
Blindfisch u.a.
Brettfoot
Brootbüdel u.a.
Brüddelbüdel u.a.
Buur u.a.
Däämlack u.a.
Dalv
Discher
Döösbartel u.a.
Dopp u.a.
Drees u.a.
Dudelfiek
Dussel u.a.
Dutt u.a.
Dwarslümmel
Esel
Fackeleut u.a.
Fall-in-(de)-Brie u.a.
Fieken u.a.
Fludderklaas u.a.
Fluus u.a.
Fohr-in-Brie
Fott
Fummel u.a.
Fuscher
Fuusthannsch(en) u.a.
Graps-in-de-Brie
Hacker
Hans-fall-in-de-Brie
Hans-Oors u.a.
Hans-Tunt

Haublock
Hau-um-un-perr-daal
Heesbees
Heini-kann-allens
Hinnerk
Hitschenplitsch
Jan-Dörchnatt
Klaas u.a.
Klaas-Klüünbuur
Klabasterkopp
Kladderfotz u.a.
Klumm(e) u.a.
Klüterer u.a.
Kötelklöver
Krüffenbieter u.a.
Lapp u.a.
Lopi
Lulatsch(er)
Mehlbüdel u.a.
Meister Murks
Murksbroder u.a.
Nonn u.a.
Nusseler u.a.
Överlegg-di-dat
Paddel u.a.
Pelerputt u.a.
Perr-daal
Plöger
Plünnbüdel
Proosbüdel u.a.
Pruddellieschen
Prüünbüdel u.a.
Pulterlieschen
Puschigruschi

Quabb u.a.
Rietenspliet(er) u.a.
Ruffert
Rülps
Ruuchwarker
Schooster u.a.
Schraffel u.a.
Schufel
Slops
Sludderbrook u.a.
Snüffel-Achteihn u.a.
Söckfoot
Stah-in 'n-Weg
Stiefbuck u.a.
Stjamp u.a.
Stolperjan u.a.
Stülterbüdel u.a.
Stümper
Suus-in-'t-Land u.a.
Tappel u.a.
Trampel u.a.
Truut u.a.
Tucksbüdel
Tüffel u.a.
Tump u.a.
Tunt u.a.
Tussel u.a.
Tuttsack
Tuut
Tuuts
Wruschenplatt u.a.
Wrussel

18. zerstreuter, verschrobener Mensch, zwielichtige Gestalt

'n Aparte(n) u.a.
Bibelforscher
Biesterbarg u.a.
Botterhex
Christ
Daustrieker(sch)
Drömer u.a.
Drucksbüdel
Dukatenkacker u.a.
Duvenmelker
ebentüürsch
Eenspänner
Egenbuck u.a.
Fackeleut u.a.
Flegenplücker
Gnuser
Gootbloot
Habakuk
Hahnenmelker
Hallelujabroder
Heid u.a.
Heini u.a.
'n Hoochstudeerten

Jan-Gootbloot
Kaffedrinker u.a.
Kaffekiekersch
Kattenoog
Klaas u.a.
Klüftkopp
Knoop
Knuust u.a.
Kost(en)gänger
Kunker
Luchsoog
Lüsteroog
Luukohr
Mettwustpreester
Miesmaker
Mucker
Nauke
Nieselpriem
Nonn u.a.
Paap
Patroon
Preester
Priemelputt

Proscheckenmaker
Quitt
Schreer
Schrull
Seitasch
Snaak
Spekulatius
Spinner
Spökelkieker(sch) u.a.
Sünnerklaas
Tomoors
Truid
Truut u.a.
Tüdelbüdel u.a.
Tunsch
Unchrist
Unkel
Vagel
Vedder
Wietkieker
Wustbull

19. Betrüger, Dieb, abgebrühter Mensch

Aas
Bandit
Bankerottmaker
Bedreger(sch)
Beest
Blitz-Buur
Blootsuger
Deev
Dumendreiher
Filit u.a.
Füürdüvel
Füürpüüster
Ganoov
Gaudeev

Gauner
Hackenbieter u.a.
Halsafsnieder
Halunk u.a.
Höhnerdeev
Klauer(t)
Kneepmaker
Kruupschütt
Langfinger
Leegsnacker u.a.
Linkmichel
Lootgeter
Lump u.a.
Lüüdanschieter

Lüüdschinner
Matz-Fotz
Melkpanscher
Räuber
Rietsticken
Rosskamm u.a.
Scharn u.a.
Schelm
Schevendeckel
Schinner
Schubjack
Schummelheini
Seelenverköper
Sla-doot

Sluusohr
Smuchelpeter u.a.
Sottewer u.a.

Spitzboov
Stehlbuck u.a.
Struukdeev u.a.

Undeert
Utbund
Verbreker

20. armer, elender Mensch, Bettler, Landstreicher

Aschenpösel(sch) u.a.
Beddeljung u.a.
Bloot
Buschemann u.a.
Elias-krabbel-
    an-de-Wand
Fechtbroder u.a.
Figur
Fott
Gestalt
Grandjer u.a.
Habenix
Handwarksburs(ch)
Hans-Klapperbeen
Hans-lerdig-Fick
Ietjer
Jammerkratsch u.a.
Job
Klinkenputzer
Knacker
Knackwust

Knicklöper
Krack
Krauler
Kreatur
Krüffenbieter u.a.
Lazarus
Monarch
Nackedei u.a.
Nix-in't-Lief
Pennbroder
Plünnenhauer u.a.
Pracher u.a.
Prachermuskant
Pultenhauer u.a.
Pussel
Puuchlappen u.a.
Rönnsteenkleier
Rumstrieker(sch) u.a.
Schachtbroder
Scheetmonarch

Schrachel u.a.
Schrauelschaap
Slatt u.a.
Slucker
Smachtlappen
Snurrbüdel u.a.
Speckjäger
Spöker
Sprockheister
Stackel u.a.
Stromer u.a.
Ströpeler u.a.
Strümpverköper
Strunt u.a.
Tater
Tippelbroder
Tröster
Truurkloot u.a.
Wrack

21. unsauberer, unordentlicher Mensch

Aschenpösel(sch) u.a.
Bettmieger
Bettschieter
Brüddelbüdel u.a.
Buschemann u.a.
Büxenpisser
Büxenschieter
Dreckswulk
Ewer
Farken
Fell
Fetthamel

Fuulsnuut
Gieschebass u.a.
Gries u.a.
Grimmelputt
Jasch
Kaffdüvel
Klackerbüdel
Kladderfotz u.a.
Kladderjan
Kleibüdel u.a.
Klöver
Kütenfreter u.a.

Nickel
Nuddel u.a.
Nusseler u.a.
Pesel
Pultenhauer u.a.
Puschigruschi
Puttfarken
Puus
Quoser
Rietenspliet(er) u.a.
Rotzbengel u.a.
Röver

Rudelkopp	Slampamper(sch)	Sottewer u.a.
Runschmichel	Slant u.a.	Sottje(r)
Ruuchpudel	Slatt u.a.	Spöker
Ruuchsnuut	Sleepsack	Spöök
Sabbermichel	Slerrholt	Spuddangel u.a.
Salterputt u.a.	Slicksöler	Stinkbüdel u.a.
Sauler	Slöpendriever u.a.	Strull-Peter
Scheetangel	Slöpentrien u.a.	Strunt u.a.
Schietenfeger u.a.	Slubberjahn	Suddeler(sch) u.a.
Schiethannes u.a.	Sludderbrook u.a.	Swattpeter u.a.
Schietpesel u.a.	Slunt u.a.	Swien u.a.
Schraap 'n-Püüster u.a.	Smeerfink u.a.	Swiendriever u.a.
Schraballer	Smuddel u.a.	Talterjahn
Schrubber(t)	Snappboort u.a.	Taltersch
Schüffel-dör-Klaas	Snaul(er)	Traanfunzel u.a.
Schuutscher	Sneerpuus	Trant
Sewerboort u.a.	Snottenlicker u.a.	Trulla
Slackerfutz	Snuddelpesel u.a.	Tusel
Slackfies	Söög	Uul
Sladdertrien	Söölbroder u.a.	Zansel u.a.

22. Mensch mit körperlichen Auffälligkeiten aller Art: lang, dick, gebrechlich, alt, häßlich

Achenal	Bratscher	Dösch u.a.
Angstpluck	Breetflabb u.a.	Dranktunn u.a.
Annerthalvsminsch	Brillenaap u.a.	Dreekeeshooch u.a.
Apenoors	Brock	Dreihoors
Asm u.a.	Bückel u.a.	Drögenist
Backaben	Bullenbieter	Dröögbüdel
Backaben(s)döscher	Buntje	Drumm u.a.
Backbeest	Buttje(r)	Dünnbeer u.a.
Backtrog	Büttmuul	Dutt u.a.
Baggermaschien	Buttoors	Dwarskieker
Beerbuuk u.a.	Büxenpisser	Eendarm
Bessensteel	Daaldrücker(sch)	Elefantenküken
Blubberboort u.a.	Daddi u.a.	Elend
Bohnenstaken u.a.	Dickback	Elmriff u.a.
Bokel u.a.	Dickbuuk u.a.	Enn
Boküüz	Dickmadam u.a.	Fettsack u.a.
Botterhex	Dicksnuut	Fienpüschen
Bräsel u.a.	Dopp u.a.	Fies u.a.

Figur	Hupen	Lulatsch(er)
Fips	Hüpp-an-de-Klink	Maiheek
Flapp(s) u.a.	Jack-un-Büx	Mars-Schrökelbeen
Flunder	Jan-Humpelbeen u.a.	Maschien
Frostkater u.a.	Jiffel u.a.	Mehlbüdel u.a.
Fummel	Jinkel	Mickerbüdel
Füürkiek	Johann-stipp u.a.	Möörmoors
Galionsfigur	Jökelklaas	Möschenboort u.a.
Gammel	Kahlkopp	Muffel u.a.
Geelschieter	Kittoog	Mümmelbüdel u.a.
Geelwuttelngesicht	Klaas u.a.	Nattsack
Geripp	Klacks	Nesenkönig
Gesicht-ut-	Klammbüdel u.a.	Nuddel u.a.
de-Dranktunn	Klapper-an-	Överminsch
Gestalt	de-Wand u.a.	Paik u.a.
Gestell	Klederschapp	Pampfoot
Glippoog	Klepper	Pastüür u.a.
Gluupoog	Klumm(e) u.a.	Penüter
Gnarrer u.a.	Klümp u.a.	Perr-lang
Gnetergnick	Klumpfoot u.a.	Pertrett
Goliath	Klütenkopp u.a.	Peter-Puup
Grelloog	Knacker	Pewerklaas u.a.
Grimmenill	Knakenhinnerk	Piepenschieter u.a.
Handdook	Knevel u.a.	Pietjer
Handvull	Knickebeen u.a.	Pinussel
Hannerling	Knittermuul	Pissbüdel
Hans-Dumendick	Krack	Plättbrett
Hans-Dünk	Kreih	Plieroog u.a.
Hans-Klapperbeen	Krömel u.a.	Plumpsack
Hans-Schraffel u.a.	Kröpel	Pluusterback u.a.
Heek	Kröpellieschen	Pooks u.a.
Hein-Büx-to-lütt	Kruper u.a.	Preckelsnieder
Hein-Schüürpahl	Kruup-ünner u.a.	Preudel
Hemd	Laban(d)	Prinz-Mager
Hering u.a.	Lagel	Promüschen u.a.
Heuoss	Langdarm u.a.	Propp
Hex	Lapp u.a.	Puckelmann u.a.
Hilgenkieker	Laukerdarf	Pulverhex
Hinkebeen u.a.	Leckoog	Pummel
Hinnerk	Leuterdarf	Puups u.a.
Hungerslund	Linke(r)fies u.a.	Quabb u.a.

Quabbenkopp	Schruvendamper	Stolperjan u.a.
Quidips	Schüfelsch	Stöötboom
Ragaat u.a.	Schumpelschoh	Störtkoor
Rammsnuut	Schuppen	Stöterbuck
Rangelrick	Schuuvtrompeet	Stubben
Reck u.a.	Semmelfoot	Stück
Redaller	Setter	Stukel
Reff	Sicker	Stummel
Register	Sickerbüx	Sullerer u.a.
Rei	Slackerdarf u.a.	Swienskopp
Rekel	Slarper u.a.	Tallfoot
Rick	Slööks	Taterlieschen
Ruffelwiev u.a.	Sluff u.a.	Tattergreis u.a.
Rullmops	Slunkslank	Teckelbeen
Runkunkel	Sluurfuust	Teerbütt
Runzelpunzel	Smachtlappen	Titten-Elli
Schabrack	Smackdarf u.a.	Tööt
Schabülk u.a.	Smeerbuuk	Trina Eentritt
Scharteek	Smoltbuuk u.a.	Trunschel u.a.
Scharunkel u.a.	Smoltengel	Tubbjack
Scheefbeen u.a.	Snakenkopp	Tulas
Scheefmuul u.a.	Snaul(er)	Tuuts
Scheelkieker u.a.	Snieder u.a.	Unminsch
Scheet	Snüffel-Achteihn u.a.	'n Ünnereerdschen
Schell(en)bieter	Snuuv-in-de-Grütt u.a.	Ussel
Schellfischoog	Söög-Amm	Üüts
Schiddelbüx	Spaakbeen	Veerfootskeerl
Schiersnuut	Spargel u.a.	Veerogenkieker
Schraadlöper u.a.	Speckbuuk u.a.	Wackelgoos u.a.
Schraadschink(en)	Spiddel u.a.	Wedderhex
Schrabilken	Spijinkel u.a.	Windhund
Schrapeltuuts u.a.	Spöök	Wölterblock
Schrappnell	Spucht	Wöttelenn
Schrauelschaap	Spuddangel u.a.	Wrack
Schreckschruuv	Spurks	Wruck u.a.
Schreer	Staakbeen	Wrummel
Schrinkelbeen u.a.	Stackel u.a.	Wrussel
Schruckputt	Stamerbuck	Wummel
Schrull	Steernkieker	Wümmelmoors
Schrumpelklaas	Stiefbuck u.a.	Zeeg u.a.
Schruuv	Stint	Zimtzeeg u.a.

23. eß-, trunk- oder nikotinsüchtiger Mensch, Nascher

Apenkroos	Kiek-in-de-Köök u.a.	Slampamper(sch)
Beerbuuk u.a.	Kökenkieker	Sleepsack
Beerliek	Köömbroder u.a.	Slickemund u.a.
Botterlicker	Koppersnuut	Slingkuul
Bradenfreter	Leckerboort u.a.	Slöök
Brannwiensbroder u.a.	Lepelfreter	Slucker
Buddelbroder	Naschkatt	Sluukall u.a.
Bummelant	Nümmersatt	Smöökbroder u.a.
Dranktunn	Pichelbroder	Snabbelsnuut
Duunbütt	Putt(en)kieker u.a.	Snapsdrussel u.a.
Duurbrenner	Puttlicker u.a.	Snoopmuul u.a.
Freetbüdel u.a.	Puttschraper	Söölbroder u.a.
Füllbütt	Quoser	Sövenfreter
Grootfreet u.a.	Roggenwulf	Sprietkopp
Heek(s)kopp	Rohmslicker	Super u.a.
Honnigmoors u.a.	Ruumschöttel	Suupkanuut
Hoorbüdel	Schietenfreter	Swien u.a.
Jan-Blaufink	Schosseegraven-	Swierbroder u.a.
Kaffebütt u.a.	tapezerer	Teekrögersch
Kaluunslucker	Schraap-op 'n-Born	Veelfratt u.a.
Kiek-in-de-Kann	Sirup(s)licker u.a.	Zuckertähn

24. Geschlechtsleben

Achterlader	Fell	Höhner
Alldagshoor	Finstergaffer u.a.	Hoor
Allmannsbruut u.a.	Fleut u.a.	Hoorbuck u.a.
Bankdrückersch u.a.	Foos	Kaakhoor
Bettwarmer	Fotz(e)	Kanink u.a.
Bilöper	Frisör	Keerl
Böhnhaas	Fummelhannes	Lieschen Allerlei
Broder	'n Geilen	Lüsteroog
Brutenmaker u.a.	Grabbelheini	Mamsell
Buck	Graps(ch)er u.a.	Mitsnacker
Danzbaron	Hahn	Oolsch u.a.
Deckhingst	Halvjunkengänger	Pintlutscher u.a.
Dörbrenner u.a.	Hamborger Kind	Puus
Dörpsbull	Hans-Blangengahn	Rammler
Eenspänner	Heckbroder	Ruffelwiev u.a.
Feger	Hingst	Rumdrieversche u.a.

223

Schanddeern u.a.	Snipp	Teev u.a.
Scharpbüx	Spanner	Titten-Elli
Semann	Strunthoor	Tweegroschensdeern
Sleepsack	Swien u.a.	Wiesbüdel
Slerrholt	Swietjee	Wixer

25. Gruppen, Banden, Pack

Aastüüg	Heidenpack u.a.	Natschoon
Athleten	Heiduckenvolk	Öös u.a.
Bagaasch	Höhner	Pack u.a.
Banditentüüg	Humpstock un	Ploog
Beestervolk	Pumpstock	Pracherpack
Bengelkraam u.a.	Hunnentüüg u.a.	Rackertüüg u.a.
Blaas	Huschnusch u.a.	Rapp
Gefluus	Hüün-un-Perdüün	Rasselbann
Genöök u.a.	Jan-Hagel-un-	Räuberpack
Gesinnel u.a.	sien-Maat u.a.	Rummelpack
Gesocks	Jungsgedriev u.a.	Snurrerpack
Getudel	Kanaal	Soldatenpack
Gnutt	Kanallje	Spitzbovenpack u.a.
Görengedriev u.a.	Konsorten	Swientüüg
Gusch un Gnusch	Korona	Takel u.a.
Hack un Mack u.a.	Kropptüüg u.a.	Tüffelgarde
Hangelbangeltüüg	Krötentüüg	Volk u.a.
Hans-Allerlei-	Kulanten	Wievertüüg u.a.
un-Lieschen-	Luuspack u.a.	
Allerleisch u.a.	Mulewitt	

26. Berufe, Berufsleben

Abenpüüster	Bessenbuur	Bliestiftbuur
Achteranbuur	Bessendreger	Böhnhaas
Afpuler	Bibelhusoor	Bökerbuur
Amtsschimmel	Bickbeernbuur	Boltjekaker u.a.
Anklatscher	Bisläger	Bookschooster
Appelhöker(sch)	Blaasklaas	Bookwetenbuur
Baas u.a.	Blackschieter u.a.	Boortschraper
Babutsch u.a.	Blickbull	Bottermelksschriever
Bälgenpedder	Blickensläger u.a.	Bregenklempner
Bankerottmaker	Blickpieper u.a.	Brootfreter
Bessenbinner	Bliefedderspitzer u.a.	Brootschooster

Buck
Bückelkeerl
Bürohingst
Buttje(r)
Buttpedder u.a.
Buur u.a.
Darmstrieker
Deeg-Aap
Diplomkööksch
Dörpsköter
Dörpsschüffel
Döschmonarchen
Dreckswulk
Drögenist
Dröögapteker
Düürkramer
Eckenstaher
Ellenrieter u.a.
Fedderfuchser u.a.
Feldwevel
Felgenböger
Feudelswenker
Fiddeljan u.a.
Fiesematentenmaker
Flammer
Flegenweert
Flickschooster
Galgenkandidaat u.a.
Galoppschooster
Gammler
Gattenpietscher
Geldteller
Gestkonditer
Giftmischer
Gniedelmeister
Gottswoort-
  Handlanger u.a.
Gottswoort-vun
  'n-Lann
Grandjer u.a.
Grapenpüüster

Grieper
Griepersch
Griep-in-Lehm
de Grönen
Gröönhöker(sch)
Hackenkieker
Hans-help-mi-man
Hans-kratz u.a.
Havenbuttjer u.a.
Havenploog
Hein-Gummi
Himmelskomiker
Hobeloffizier
Höker
Holtworm
Hoorklöver
Hottlepott u.a.
Hütentüüt
Huusmaker
Iesenschooster
Jan-Maat
Johannsbeernbusch
Kabelaap
Kaffdüvel
Kaffschriever
Kalfakter u.a.
Kaluunschooster
Kanaalkruper
Kanditer
Kanzelpuper
Kattenkopp
Kattuunrieter
Keesknieper
Ketelkommandant
Kiek-in-Aben
Kiek-üm-de-Eck
Kinnerketscher
Kistenmaker
Kittpuler u.a.
Klackerbüdel
Klatter-an-de-Mast

Kleibuur
Kleistermeister
Kliesterputt
Klinkenputzer
Klockenflicker u.a.
Kloon
Klöötschipper
Klövenmoors
Klunkerbuur
Klutenpedder u.a.
Knakenbreker
Knakenschooster
Knapphöker
Knastenstöter
Kneetmuus
Knüppelmuskant
Kohstallgouvernante
Kökendragoner
Kökenknecht
Kombüsenadmiraal u.a.
Kontoorhingst
Koppschooster
Kötelboxer u.a.
Kötelbuur
Kötelgrieper
Krabbenbuur
Krauler
Krauter
Kringelbäcker u.a.
Krintenstengel
Kröpelbuur
Krummholt
Krüterdokter
Kruutkramer
Kuddl Daddeldu
Kukuukskeerl u.a.
Kulengraver u.a.
Kusenbreker u.a.
Küstenkruper
Ladenswengel u.a.
Latrinenfohrer u.a.

Lehmkauer u.a.
Licht-un-dicht-Maker
Liemkaker
Loopmann
Löti
Lüttfleit
Luurbuur
Luur-op 'n-Penning
Luur-op 'n-Wind
Maandschiensbuur
Mamsell
Mappenkeerl
Mehlworm
Meister Finsterglas u.a.
Meister Glöhnig
Meister Knieptang u.a.
Meister Liemputt
Meister Murks
Meister Pickdraht
Meister Tweern
Melkpanscher
Melkplanscher
Miegenkieker
Minna
Mistbuur u.a.
Mistjunker
Monarch
Moorsklopper
Möserstöter
Mudder Griepsch
Muulklempner
Muurklatscher u.a.
Nachtuul u.a.
Namiddagsbuur
Neihdeern u.a.
Oorspauker
Opticker
Paap
Pannemann
Pansenflicker
Pansenklopper

Papieratleth u.a.
Pass-op 'n-Penning
Peerdokter
Peerschooster
Penn(en)schieter u.a.
Pickdraht u.a.
Piependreiher
Pillendreiher
Pindelkramer
Pinkepank
Pinselbuck u.a.
Pissbekieker
Pissputtswenker
Plaasterkaker u.a.
Plätthusoor
Plumm(en)höker u.a.
Plünnenbuur
Plünnenhöker u.a.
Plünnenjakob u.a.
Plünnenschooster
Plünnenstöter
Poppenspeler
Postbüdel
Prachermuskant
Probenreiser u.a.
Prükenmaker
Püttjer u.a.
Putt-un-Pann u.a.
Putz u.a.
Putzbüdel u.a.
Putzenmaker(sch) u.a.
Putzlaputz
Quacksalver
Queekbuur
Queek(en)puker u.a.
Rechtsverdreiher
Riemelmaker u.a.
Rosskamm u.a.
Rottenstaker
Rucksackbull
Rumdriever u.a.

Rundmaker
Ruuchwarker
Sandhaas
Schandarm
Scheerbüdel
Scheetmonarch
Scherenslieper
Schietenfeger u.a.
Schiethuuskommandant
Schietschandarm
Schievensnieder
Schoosterknast u.a.
Schosseesteenklopper
Schraper
Schruvendreiher
Schüürbessen u.a.
Schuuv-in-Aben
Seelenknieper
Semmelarchitekt
Sesselpuper
Sirup(s)licker u.a.
Sirupssnuut
Slachter
Slarpenbacker u.a.
Slickrutscher
Slumpsnieder
Smeerfink u.a.
Smeerhöker
Snaak
Snittker u.a.
Snutenfeger u.a.
Sodenkönig
Sottje(r)
Speckkopp
Spöönfreter
Sprietbrenner
Steernkieker
Stellenslachter
Stoppelhopser
Stratenfeger
Strippentrecker

Stummeldreiher
Sunndagsbuur
Suppensmitt
swatte Mann
Swattrock u.a.
Swiendokter
Swiensmaler
Tagelmeester
Tähnbreker u.a.
Teerjack
Terpentini
Timmeross

Timpendreiher
Tippmamsell
Tollknecht u.a.
Torfdüvel
Torfschört
Tutendreiher u.a.
Uns-Herrgott-
  sien-Handlanger
Utklöter
Utroper
Uttrecker
Uul

Vadder Griep
Versenkungsraat
Viez u.a.
Wandstrieker
Waschkosak
Waterbuur
Waterdokter
Waterkatt
Winkelavkaat
de Witten u.a.
Zegenbuck

Wörterbücher aus unserem Verlag

Jürgen Byl/Elke Brückmann
Ostfriesisches Wörterbuch
Plattdeutsch-Hochdeutsch
168 Seiten, Efalin kart.

Reinhard Goltz
Von Blubberbüxen, Landhaien und Troonbüdels
Das Schimpfwörterbuch für Hamburger
159 Seiten m. 12 ganzseit. Linolschnitten v. Joh. Nawrath, Hamburg; Efalin kart.

Günter und Johanna Harte
Hochdeutsch-Plattdeutsches Wörterbuch
247 Seiten, geb.

Wolfgang Lindow
Plattdeutsch-Hochdeutsches Wörterbuch
274 Seiten, Linson geb.

P.A. Oelrichs
Snake Jim Hollunder?
Kleiner Wortschatz zur Erlernung der Helgoländer Sprache
Nachdruck d. 2. verb. Aufl. Leipzig 1882
IV. 124 Seiten, Efalin geb.

Rainer Schepper
Plattdeutsches Schimpfwörterbuch für Westfalen
88 Seiten, Efalin kart.

Theo Schuster
Plattdeutsches Schimpfwörterbuch
für Ostfriesen und andere Niederdeutsche
167 Seiten m. zahlr. Illustrationen, Efalin kart.

Cirk Heinrich Stürenburg
Ostfriesisches Wörterbuch
Unveränderter Nachdruck d. Ausg. Aurich 1857
XII. 358 Seiten, Efalin geb.

Verlag SCHUSTER, Postfach 19 44, 26769 Leer